Oldenbourg-Interpretationen

Herausgegeben von
Bernhard Sowinski und Reinhard Meurer

begründet von
Rupert Hirschenauer und Albrecht Weber

Band 27

Martin Walser

Ein fliehendes Pferd

Interpretation von
Hans-Erich Struck

Oldenbourg

Die Seitenzahlen der vom Autor herangezogenen Taschenbuchausgabe (Suhrkamp-Taschenbuch 600) sind mit denen der Erstausgabe identisch. Wörtliche und sinngemäße Zitate der Primärliteratur werden durch Seitenzahlen in Klammern ausgewiesen.

CIP-Titelaufnahme der Deutschen Bibliothek

Struck, Hans-Erich:
Martin Walser, Ein fliehendes Pferd: Interpretation/von Hans-Erich Struck. – 1. Aufl. – München: Oldenbourg, 1988
(Oldenbourg-Interpretationen; Bd. 27)
ISBN 2-486-88606-1

1. Auflage 1988
Unveränderter Nachdruck 92 91
Die letzte Ziffer bezeichnet lediglich das Jahr des Drucks.

Lektorat: Michael Banse
Herstellung: Fredi Grosser
Umschlaggestaltung: Klaus Hentschke
Gesamtherstellung: R. Oldenbourg, Graph. Betriebe GmbH, München

ISBN: 3-486-**88606**-1

Inhalt

1
Erzählkonstruktion

1.1
Thematik und Personenkonstellation

Martin Walsers Novelle *Ein fliehendes Pferd*[1], in nur zwei Wochen – Anfang August 1977[2] – geschrieben, erschien ab Januar 1978 als Vorabdruck in der *Frankfurter Allgemeinen Zeitung*. Von der Kritik außergewöhnlich gelobt und vom Suhrkamp Verlag mit großem Werbeaufwand unterstützt, ist die tiefgründige und formal brillante Novelle nun auf dem besten Weg, auch ein Schulklassiker zu werden.

Thematisch knüpft Walser an seine Romane an, indem er die Problemkreise Identitätssuche, Selbstentfremdung und Kommunikationslosigkeit, Altern, Sexualität und Ehe wieder aufgreift. Die Form der Novelle bedingt es jedoch, daß die Themenkreise hier sehr verdichtet werden und zwar zu einer kleinen Feriengeschichte, die aber nicht so harmlos ist, wie sie zunächst scheint. Der Widerstreit zweier konkurrierender Männer, der Konkurrenzkampf zweier Lebensstile entwickelt sich, ein Widerstreit, der durch hintergründige Anspielungen psychologischen und philosophischen Tiefsinn erhält. Es ist zu kurz gegriffen, versucht man, die oben genannten Themenkreise auf den einfachen Nenner „Krise der Lebensmitte“ zu bringen. Die beiden männlichen Hauptfiguren befinden sich zwar in dem entsprechenden Alter und kämpfen mit Problemen, auf die man den modernen Begriff „Midlife-crisis“ anwenden könnte, doch erfaßt dieser Begriff nicht die weitergehende existentielle Problematik der Lebensstrategien. Der Begriff „Midlife-crisis“ und das Vorherrschen einer gewissen Privatheit scheinen zudem auf eine psychologische Novelle hinzudeuten. Walser beschränkt sich jedoch nicht in dieser Hinsicht. Es geht ihm auch um die Darstellung von gesellschaftlich bestimmten, kleinbürgerlichen Schicksalen, da gesellschaftliche Bezüge und Zusammenhänge in die private Sphäre hineinreichen und Einfluß auf die Einstellungen und Handlungen der Personen nehmen. Von hier aus betrachtet, ist die Novelle auch Spiegelbild der bundesdeutschen Verhältnisse der siebziger Jahre. Die vielschichtige psychologische und gesellschaftliche Thematik verbindet Walser mit dem Grundthema Flucht, das er durch die Titelwahl besonders heraushebt.

Die Beschränkung der Konfiguration auf vier Hauptpersonen, eine nur scheinbare Lustspielkonstellation,[3] läßt sich vielleicht auf den ursprünglichen Plan Walsers zurückführen, *Ein fliehendes Pferd* als Variation seines Dramas *Zimmerschlacht* auf die Bühne zu bringen.[4] Es treten auf der 46jährige Oberstudienrat Dr. Helmut Halm, Lehrer an einem renommierten Stuttgarter Gymnasium, und seine etwa gleichaltrige Ehefrau Sabine, der jung wirkende, aber mit Helmut gleichaltrige Klaus Buch, Journalist und „Experte" für ökologische Fragen, ein ehemaliger Schul- und Studienfreund Helmut Halms und dessen Frau Helene. Sie ist seine zweite Frau, ist 18 Jahre jünger als er, studierte ehemals Musik und betätigt sich nun wie Klaus publizistisch. Und da ist noch Otto, die Spanielhündin, der (die) mit seinen (ihren) Liebkosungen bei Klaus Buch für einige Verwirrungen sorgt. Ob Otto wie die Personenkonstellation aus dem Nachlaß der *Wahlverwandtschaften* Goethes stammt, sei dahingestellt.[5] Auf jeden Fall verwirklicht die Konfiguration die Goetheschen Prinzipien der Polarität und Symmetrie: Das Leben der gleichaltrigen Germanisten ist in entgegengesetzte Richtungen verlaufen, entsprechend haben sich ihre Persönlichkeiten entwickelt und doch sind sie sich in vielem ähnlich. Auch die Frauen befinden sich in einer vergleichbaren Situation und sind doch von Alter und Person her höchst polar angelegt.

Schon mit der äußeren Erscheinung führt uns Walser den Gegensatz der beiden Paare vor. Während die Halms, ein alterndes Ehepaar, zurückhaltend, ein wenig dicklich (Helmut) und behäbig auftreten, erscheinen (oder sind) Buchs jugendlich, dynamisch, sportlich und braungebrannt. Auf Helmut wirkt Klaus „überall senkrecht, durchtrainiert, überflußlos. Auf der tiefbraunen Brust hatte er ein paar goldblonde Haare, aber auf dem Kopf einen dicht und hoch lodernden Blondschopf." (19) Helene Buch, „eine Frau wie eine Trophäe" (21), erscheint ihm „geländehaft rund und sanft" (19). Dagegen kommt ihm sein eigener Bauch übermäßig dick vor, und an Sabine bemerkt er „nicht ganz makellose Hautstellen" (10). Beide sind von der ersten Sonne gerötet, sie haben die Urlaubsmimikry noch nicht geschafft und fallen noch – das ist besonders Helmut unangenehm – am Ferienort auf.

Die eigentliche Hauptperson ist Helmut Halm. So wird in der Exposition vornehmlich diese Figur vorgestellt. Schon in seinen ersten Verhaltensweisen zeigt sich, daß Helmut Nähe und Vertrautheit ein Greuel sind. Er hält sich die Leute am liebsten auf Distanz. Folglich zieht er sich schon beim ersten Auftritt vom Strom der Promenierenden zurück an die Hauswand des Cafés. Am liebsten möchte er sich ganz in die Ferienwohnung zurückziehen. Das verraten uns seine Gedanken, die sein Distanz schaffendes Verhalten als Grundeinstellung bestätigen. Er möchte unerkannt bleiben, unerreichbar sein (13). „Inkognito war seine Lieblingsvorstellung." (12) In Stuttgart kannte man ihn schon zu genau, in der Nachbarschaft, in der Schule. Mit dem Spitznamen „Bodenspecht" hatte man ihn schon zu genau karikiert. Hier im Urlaubsrefugium, in der Zürnschen Ferienwohnung, fühlt er sich sicher.

Aber auch im Urlaub kann er sein Inkognito nur wahren, wenn er Distanz zwischen außen und innen schafft, zwischen Wünschen und Gedanken einerseits und Verhalten und Äußerungen andererseits. Außen führt er die von ihm erwartete Lehrer- und Urlaubsrolle vor, während er innen seine „wirkliche Person" in Sicherheit bringt (13). Kontaktscheu, inaktiv und lethargisch, so erscheint Halm schon in den ersten Kapiteln, resignativ und ein wenig larmoyant, gerade in Momenten, in denen ihn Trostlosigkeit und Hoffnungslosigkeit überfallen (10, 17). Der Leser wird mit Helmuts Person vor dem ersten Zusammentreffen der beiden Paare vertraut gemacht. Die beiden ersten Kapitel bilden eine Art Exposition, in der die Personenkonstellation vorgestellt wird. Die Gegensätzlichkeit der beiden Paare wie auch erste Ehekonflikte deuten sich an (17, 24).

1.2
Fabel, Ort und Zeit

Seit elf Jahren ist Nußdorf am Bodensee das Urlaubsdomizil der Halms. Die Buchs, die ebenfalls seit drei Jahren zum Bodensee kommen, wohnen in Maurach (22, 34), nicht weit von Nußdorf entfernt. Walser läßt die Novelle in seiner Heimat, der Bodenseeregion spielen. Wie Nußdorf, der Wohnort Walsers, sind auch die anderen in der Novelle erwähnten Orte wie Kesswil, Immenstaad,

Unterhomber etc. auf einer Karte zu finden (s. S. 101), selbst erwähnte Lokalitäten („Hecht, Seehalde") sind real. Schaut man genau hin, so begrenzt Walser den Raum etwa auf ein Quadrat von 20 mal 20 km, in dem sich die Personen bewegen. Da die Bodenseeregion auch die Geburtsheimat des Autors ist, sind Lokalkolorit und Landschaft, der sich Walser besonders verbunden fühlt,[6] detailgetreu erfaßt, obwohl die Form der Novelle keinen Raum für breit angelegte Naturbeschreibungen läßt. Gerade der Bezug auf einen realen Ort gibt dem Autor die Möglichkeit, durch einen kurzen Hinweis die Handlung zu lokalisieren und einen realistischen Hintergrund entstehen zu lassen. Betrachtet man die Schauplätze, an denen die Kapitel hauptsächlich spielen, so fällt der durchgängige Wechsel von Innen- und Außenräumen auf (s. S. 97),[7] ein erster Hinweis auf die exakte Konstruktion der Novelle. Zudem wird zu zeigen sein, daß sich von dieser Konstruktion ein Bezug zu den männlichen Hauptpersonen herstellen läßt.

Die exakte Konstruktion der Novelle wird auch deutlich in der Behandlung der Zeit. Die Geschichte spielt im Sommer, wahrscheinlich in den siebziger Jahren. Die erzählte Zeit umfaßt ungefähr vier oder viereinhalb Tage,[8] sie beginnt am Abend oder Nachmittag des ersten Tages und endet am Abend des fünften Tages. „Dann war Montagabend." (58) Von dieser Angabe zu Beginn des 5. Kapitels ausgehend, lassen sich die Wochentage bestimmen: So beginnt die Erzählung am Sonntagnachmittag, am dritten Urlaubstag der Halms (10) und endet am Donnerstagabend. Eine genauere zeitliche Fixierung der Kapitel ist möglich, weil sich die Paare jeweils zu einer bestimmten Uhrzeit verabreden (33 f., 56, 64, 93, 102). Ungefähr viereinhalb Tage werden in neun Kapiteln auf 151 Seiten erzählt, das wäre rein rechnerisch pro Kapitel etwa ein halber Tag. Setzt man jedoch erzählte Zeit und Erzählzeit oder Lesezeit (Kapitel/Seiten) in Bezug, so zeigt sich, daß Zeit mit Fortschreiten der Erzählung zunehmend verdichtet wird (s. S. 98). Während der erste halbe Tag, der Sonntagnachmittag und -abend in drei Kapiteln auf etwa 30 Seiten dargestellt wird, konzentriert der Erzähler den letzten ganzen Tag in einem Kapitel auf ebenfalls etwa 30 Seiten. Es wird sich zeigen, daß die Konzentration der Zeit mit der Steigerung der Handlung einhergeht. Das Prinzip der Chronologie bleibt gewahrt. Im Erzählbericht gibt es weder Rück- noch Vorblenden. Die Konzentration der Zeit erreicht Walser, indem er entweder ausspart oder die Technik der „sukzessiven Raffung“[9] anwendet. Zeitdehnung findet sich dort, wo der Leser Einblick in die Gedanken Helmuts erhält. Auch das Zentralereignis wird gleichsam in Zeitlupe dargestellt.

Die in den Koordinaten von Raum und Zeit ablaufende Handlung ist schnell zusammengefaßt. Bis auf das sechste und neunte sind die Kapitel recht handlungsarm, überwiegen die Dialogpassagen und die Reflexionen Halms. Im „Prolog“ des ersten Kapitels wird, wie gesagt, das Ehepaar Halm vorgestellt, das auf der Caféterrasse an der Strandpromenade Platz genommen hat. Die eigentliche Fabel beginnt mit dem Zusammentreffen der beiden Paare, das vielleicht nicht zustandegekommen wäre, hätte nicht Sabine darauf bestanden, daß man noch eine Minute bleibt (18). Zufällig und für Helmut unerwartet tritt Klaus Buch auf, den Helmut nicht sogleich erkennt und den er für einen ehemaligen Schüler hält. Klaus stellt seine Frau Helene vor, man tauscht Erinnerungen aus, zu denen Helmut jedoch kaum etwas beizutragen hat. Da Helmut sich nicht der von Klaus vorgeschlagenen Verabredung entziehen kann, beginnt eine fast tödlich endende Urlaubsgeschichte. Es wird an den folgenden Tagen immer wieder Klaus Buch sein, der die gemeinsame Geschichte aufrechterhält, die Handlung vorantreibt.

Buch führt die Halms an diesem Abend in den „Hecht“. Das gemeinsame Abendessen wird Helmut zur Tortur, da das ernährungsbewußte Ehepaar Buch seine und Sabines Eßgewohnheiten kritisiert. Als die Paare sich trennen, hat man sich schon für den folgenden Nachmittag verabredet. Auf dem Heimweg nach Nußdorf läßt Helmut den Abend Revue passieren. Differenzen mit Sabine kommen zutage, da Sabine sich offensichtlich von Buch angezogen fühlt. Nachts können beide nicht einschlafen. Helmut zieht sich zurück und setzt einen „Bekenner- und Abschiedsbrief“ auf, in dem er zum Teil seine Lebensstrategie offenlegt und Klaus Buch warnt, ihm nicht zu nahe zu kommen. Helmut schickt den Brief jedoch nicht ab.

Am folgenden Montagnachmittag hat Klaus schon alles für eine Segelpartie vorbereitet. Halms fühlen sich auf dem Boot unwohl, weil sie beim Segeln nur eine Statistenrolle übernehmen können. In dem sich entwickelnden Gespräch berichten Klaus und Helene, was sie beruflich machen. Buch rechnet mit seiner ersten Frau ab und tischt Erinnerungsgeschichten auf, die Helmuts Jugend, seine sexuelle Untauglichkeit ans Licht bringen. Alle scheinen sich auf seine Kosten zu erheitern. Sein Versuch, eine erneute Verabredung zu verhindern, scheitert. Klaus drängt auf ein Treffen nach dem Abendessen.

Ein kurzer Promenadenbummel endet abends dann schnell in einer Weinstube. Klaus schwelgt wieder in Erinnerungen und nötigt seine Frau ständig zu Liebesbekundungen. Diese berichtet von den Sportaktivitäten ihres Mannes. Wie am Nachmittag sind auch in diesen Äußerungen Helenes erste Differenzen mit ihrem Mann erkennbar. Klaus Buch gibt Helmut den Auftrag, für den folgenden Tag eine Wanderung zu planen. Zu Hause im Bett wird Helmut durch unangenehme Erinnerungen und Reflexionen über Sexualität und gesellschaftlichen Zwang wachgehalten. Einen Annäherungsversuch Sabines wehrt er ab. Nachts träumt er, wie er in einem Sarg eingeschlossen ist, sich aber doch befreien kann.

Am Dienstagmorgen holen Buchs die Halms zur Wanderung ab. Die Fahrt geht zum „Höchsten", einem nahen Berg. Helmut, der die Gruppe führen sollte, verirrt sich auf der Wanderung und findet nicht die von ihm versprochenen Hochwälder. Als es zu regnen beginnt, übernimmt Buch die Führung. Buchs demonstrieren, wie sportlich sie sind. Beim Essen im Ausflugslokal auf dem „Höchsten" kommt es zu einigen Peinlichkeiten. Auf dem Rückweg gelingt es Klaus, ein ausgebrochenes Pferd wieder einzufangen. Helmut ist wie am Boden zerstört. Zu Hause angekommen, scheitert erneut ein Versuch, Klaus Buch loszuwerden. Klaus besteht auf einer Verabredung am selben Abend.

Der gemeinsame Abend im Hotel der Buchs verläuft ähnlich wie die vorangegangenen. Die Buchs sinnieren über den Zusammenhang (oder Gegensatz) von Erotik und Arbeit und demonstrieren anhand von Fotos die Lebenstüchtigkeit ihrer Eltern. Klaus Buch lädt zu einem zweiten Segelausflug ein. Da beide Frauen für den nächsten Tag angeblich schon verabredet sind, wird Helmut wohl oder übel allein mit Klaus segeln gehen müssen. Sabine und Helmut sind am Ende betrunken. Auf dem Heimweg kommt es zu einem Disput über die Einstellung zu Klaus und fast zu einer Aussprache über ihre eigene Beziehung.

Der Segeltörn am folgenden Nachmittag beginnt zunächst ganz harmlos. Buch breitet in einer langen Rede seine Pläne für eine gemeinsame Zukunft mit Halm aus. Er möchte Helmut überreden, sich von Sabine zu trennen und mit den Buchs auf die Bahamas zu kommen. Helmut reagiert nicht auf seine Vorschläge. Als plötzlich das Wetter umschlägt und Sturm aufkommt, bittet Helmut Klaus, einen Hafen anzusteuern, doch Klaus ist in seinem Element, fühlt sich durch die Natur herausgefordert. Offensichtlich aus Furcht um sein Leben stößt Helmut Klaus die Pinne aus der Hand, das Boot richtet sich auf, und Klaus fällt über Bord. Wie durch ein Wunder erreicht Helmut das Ufer, während Klaus – so muß man vermuten – umgekommen ist.

Ein kurzer Anruf Sabines bei Helene bestätigt am folgenden Morgen scheinbar diese Befürchtung. Helmut macht sich Vorwürfe. Als nicht einmal der Rückzug in die Ferienlektüre gelingt, drängt er Sabine zu gemeinsamen sportlichen Aktivitäten. Man kommt jedoch nicht dazu, mit den neu erstandenen Fahrrädern loszufahren, da plötzlich Helene vorfährt. Durch Alkohol enthemmt berichtet sie von ihrer unglücklichen Ehe, von der unhaltbaren beruflichen Situation ihres Mannes, von dem ganzen Lebensschwindel. Doch plötzlich taucht der Totgeglaubte wieder auf. Ohne Erklärungen nimmt er Helene mit. Am selben Abend reisen auch die Halms fluchtartig ab – nach Montpellier. Während der Zugfahrt beginnt Helmut mit seiner Erzählung, wie sich aus seiner Sicht die letzten Tage zugetragen haben. Die Fabel ist zu ihrem Anfang zurückgekehrt.

1.3
Die Form der Novelle

Walser selbst hat im Titel *Ein fliehendes Pferd* als Novelle bezeichnet. Was sind also die Formmerkmale, die diese Erzählung zu einer Novelle machen? Erstens ist der „Umfang von mittlerer Länge" zu nennen, mit der die Novelle zwischen Kurzgeschichte und Roman einzuordnen ist. Der Umfang zwingt zur Verkürzung und Konzentration in der Gestaltung. Im Gegensatz zum Roman sind – wie oben aufgezeigt – Ort und Zeit weiter begrenzt, auch die Anzahl der Personen, die wie in einem Drama in einer knappen Exposition vorgestellt werden. Der Begriff „Novelle" geht auf das italienische Wort „novella" = Neuigkeit zurück. In diesem Sinne deutet Benno von Wiese Goethes beiläufig formulierte Definition der Novelle „als eine sich ereignete unerhörte Begebenheit" (Gespräch mit Eckermann am 29. Januar 1827): In der Novelle gehe es um die „Darstellung *eines* Ereignisses, dessen Pointe in einer so seltsamen und nicht voraussehbaren Wendung liegt, daß sie ‚novella', das heißt ‚neu', ‚noch nie gehört' genannt werden kann."[10] Von Wiese folgert daraus die grundsätzliche Vorrangigkeit des Ereignisses vor den Personen und Dingen. Die Charaktere interessieren nur insoweit, als sie das Ereignis und seine Hintergründe begreiflich machen können. Die in von Wieses Deutung oben schon angeklungene Forderung Tiecks, daß jede Novelle einen auffälligen Wendepunkt haben müsse, ist in der neueren Forschung als zeitbedingt relativiert worden.[11] Walser erfüllt aber mit seiner exakten novellistischen Erzählkonstruktion auch diese Forderung, allerdings nur als rein formales Element, nicht im Sinne Tiecks als Umkehr ins Wunderbare, es sei denn, man wollte die Errettung der beiden Männer als Einbruch des Wunderbaren erklären. Das Geschehen auf dem See im 8. Kapitel, die überraschende Handlungsweise des trägen und stillen Studienrates Halm, ist die „unerhörte Begebenheit" der Walserschen Novelle. Mit ihr nimmt die Urlaubsgeschichte eine völlige Wendung. Die einsträngige Handlungsführung ist auf diesen Punkt ausgerichtet. Die folgenden Kapitel werden deutlich machen, daß die steigende und mit dem Wendepunkt fallende Handlungskurve (s. S. 97) mit dem sich verschärfenden Antagonismus der männlichen Hauptfiguren gleichgesetzt werden kann. Dieser strenge tektonische Aufbau und die Konzentration der Gestaltung werden u. a. auch durch eine besondere Form der Verwendung von Leitmotiven möglich. Im folgenden wird an entsprechenden Stellen auf diese Motivtechnik verwiesen. Ende des 19. Jahrhunderts forderte man für die Novelle ein „Ding-Symbol". Als „Ding-Symbol" fungiert in Walsers Novelle das fliehende Pferd, das auch im Titel erscheint und somit von Beginn her leitmotivischen Charakter hat (s. S. 26 ff.). Die geforderte Geschlossenheit der Form erreicht Walser mit seinem Kunstgriff der Rückführung der Fabel zu ihrem Anfang, mit der Aufforderung an den Leser, die Novelle da capo al fine zu lesen. Helmuts

„Beichte“ schließt die Urlaubsgeschichte ab, auch wenn Walser keine Lösung präsentiert. Bei der Frage, warum er sich für die unzeitgemäße, auch in seinem Prosawerk zum ersten Mal gewählte Form entschieden hat, werden in Rezensionen und Forschungsliteratur widersprüchliche Vermutungen vorgebracht, die die Frage nicht hinreichend klären können.[12] Die strenge, zur Begrenzung verpflichtende Form mag für ihn, den Romancier, eine Herausforderung bedeutet haben. Äußerungen zu seiner zweiten Novelle *Dorle und Wolf*, daß nämlich in dieser Gattung die Themenstellung dominiere,[13] lassen zudem vermuten, daß ihn im Sinne Heyses und Storms die Ausdehnung auf „Lebensfragen“,[14] die bei äußerer Begrenzung in der Novelle angelegte Möglichkeit der Abstrahierung, interessiert hat.

Helmut Halm wird am Schluß als der Erzähler präsentiert. Obwohl er demnach allwissend über der Geschichte steht, nimmt er die Erzählhaltung des personalen Er-Erzählers[15] ein, der über eine nur begrenzte Perspektive verfügt und selbst beteiligt ist. Sie gestattet dem Leser die Nähe zur Hauptperson und Einblick in die Gedanken Helmut Halms, während man die Gedanken der anderen Personen erschließen muß. Die Erzählhaltung ist einerseits notwendig zur Darstellung der Diskrepanz von Innen- und Außenwelt der Hauptfigur, andererseits fördert sie die nicht geplante Bevorzugung Helmut Halms,[16] so daß mir Kaisers Vorwurf der „sympathielenkenden Mystifikation“[17] berechtigt erscheint. Dialoge werden durch direkte Rede – ohne Redezeichen und oft monoton eingeleitet – oder durch den Erzähler in indirekter Rede vermittelt. Einblick in die Gedanken Helmuts bekommt man über die erlebte Rede. Die Erzählmittel des Briefs (36 f.) – von Walser in *Brief an Lord Liszt* als bestimmendes narratives Mittel eingesetzt – und des Selbstzitats (14) erfüllen die gleiche Funktion wie die erlebte Rede. Erzählbericht und erlebte Rede sind oft nicht scharf zu trennen, so daß der Leser unsicher wird in bezug auf die Wirklichkeit der Außenwelt. Letztlich ist dies jedoch nicht entscheidend, da die Differenz durch die Präsentation Halms als Erzähler am Schluß ohnehin aufgehoben wird, beide Kommunikationspartner im Zug die subjektive Färbung der Erzählung voraussetzen (151). Die Tempusform ist das epische Präteritum, das in der direkten Rede, aber auch in der erlebten Rede durch das Präsens abgelöst wird.

Rezensionen haben schon früh die „Ökonomie“ (Reich-Ranicki), die „Strenge der Form“ (Hess) der Novelle, die „meisterhaft und durchkalkuliert erzählt“ (Lodemann) wird, lobend hervorgehoben. Bei der exakten Erzählkonstruktion geht es m. E. Walser nicht um losgelöste formale Spielereien. Die Form-Inhalt-Synthese bleibt gewahrt. Dies läßt sich leicht aufzeigen an dem Zusammenhang von Raumkonstruktion und der Darstellung der Lebensstrategien sowie an dem Bezug von formalen Elementen der Novelle zu dem sich allmählich verschärfenden Gegensatz der beiden Hauptpersonen.

2
Der Antagonismus der männlichen Hauptfiguren

2.1
Der Beginn des Gegensatzes: Erinnerung

Schon bei der ersten Begegnung zeigen sich Unterschiede hinsichtlich des Erinnerungsvermögens der beiden Figuren. Während sich Helmut nach 23 Jahren nicht mehr an seinen Schulfreund erinnern kann, sprudelt es nur so hervor bei Klaus Buch. Helmut hält diesen zunächst für einen ehemaligen Schüler, der seine Erinnerungen reuevoll wieder auffrischen will. Als allmählich Klaus Buch aus der „dunkelsten Stelle seines Gedächtnisses" (25) auftaucht, kann Helmut Erinnerungsbild und reales Bild des so jugendlich auftretenden Buch kaum zur Deckung bringen, wären da nicht die detailgetreuen Erinnerungen des ehemaligen Kommilitonen.

Dieser erinnert sich an die Zarathustra-Lektüre des Schulfreundes und entwirft wortschwelgerisch Halms Bild als eines an der Pubertät und an ständigen Mandelentzündungen leidenden Jugendlichen. Seine Formulierungen (23) deuten auf eine noch bewahrte ambivalente, zwischen Bewunderung und Abwertung schwankende Einstellung zu Halm hin. Halm wundert sich darüber, daß Buch noch seinen Namen weiß, daß er genau eine Szene rekonstruieren kann, die sich vor 23 Jahren abgespielt hat. Buch hatte damals angeblich auf Geheiß Halms nach der Abschiedsfeier ein Bad in einem Brunnen auf dem Marktplatz von Tübingen genommen. Eine Theologiestudentin soll damals Zeugin gewesen sein (24, 28). Buchs Erinnerungen sind voller Leben, d.h. er füllt sie beim Erzählen mit Leben, spielt sie am ersten Abend im „Hecht" nach, so daß die Vergangenheit lebendiger erscheint als die Gegenwart (30, 31).

In Helmuts Erinnerung herrscht dagegen „eine Leblosigkeit wie nach einer Katastrophe" (28). Gänzlich ohne Erinnerung ist Helmut jedoch nicht. Einige Szenen der Vergangenheit werden unmittelbar oder mittelbar durch Buch wachgerufen (20, 21, 25, 26, 31, 53, 63), andere kann er sich eigenständig präsent machen, so die Nietzsche-Lektüre mit fünfzehn (11), auf die Klaus später anspielt und die dieser zur Steigerung um ein Jahr vorverlegt, ebenso eine kurze Veröffentlichung in einer Schülerzeitung (14), die auch das Problem der Erinnerung thematisiert (65, 83). Aber im Vergleich mit der lebendigen Erinnerung Buchs befindet sich Halms Vergangenheit in einem „Schädelstättenzustand" (29), kann er sich nur bruchstückhaft erinnern. Daß sein Erinnerungsvermögen professionell erschöpft sei (20), scheint nur eine oberflächliche Erklärung zu sein. Vielmehr möchte er verdrängen, nicht daran rühren, weil die Erinnerung Widerwillen und Ekel in ihm hervorrufen: „Deckel drauf. Zulassen. Bloß keinen Sauerstoff dran kommen lassen, sonst fing das an zu gären." (27) Die Gründe für diese Einstellung werden nicht genannt, aber es ist zu vermuten, daß Helmuts Vergangenheit eine Vergangenheit von Verletzungen und Niederlagen ist, und er von daher nicht daran interessiert ist, etwas über sich zu erfahren, wie er Klaus (sich) in dem nicht abgeschickten Brief schreibt (37). Einiges erfährt der Leser aber doch: Er hatte wahrscheinlich Klaus Buch unter dem Einfluß eines starken Minderwertigkeitsgefühls aus dem Gedächtnis gestrichen, weil dieser es geschafft hatte, eine Lektorenstelle in Edinburgh zu bekommen (25). Ein anderer Erinnerungsfetzen führt ihm seine Angst vor, mit der er als Schuljunge, der aus bescheidenen Verhältnissen stammte, sich dem Haus des Patentanwalts Buch genähert hatte. Das Erinnerungsvermögen wird sich schon aus Selbstschutz auch dann professionell erschöpfen, wenn man sich ständig an ehemalige Peiniger (20) erinnern muß. Auch die Erzählungen Klaus Buchs von den pubertären Onanierwettbewerben sind weniger die „heiligsten Momente" (53) als die peinlichsten der Jugend Halms, da er in den Erzählungen zur allgemeinen Erheiterung als „Verlierer" vorgeführt wird. Und nun, da Helmut versucht, die Vergangenheit zu bewältigen, indem er sie für abgeschlossen erklärt und selbst die Gegenwart in diesen Zustand überführen möchte, taucht sie mit Klaus Buch in persona auf.[18]

Halms Reaktion auf sein Erinnerungsvermögen ist ambivalent: Einerseits beneidet er Klaus um die Lebendigkeit seiner Erinnerung, andererseits wertet er sie als „Wiedererweckungsfanatismus" (27) und „Puppentheater" (29) ab (vgl. auch 31, 32, 54, 63). „Er hatte praktisch nicht gelebt. Es war nichts übrig geblieben" (28), muß Halm bekennen. Das löst brennenden Neid aus. Er hatte sich früher in „fanatischen Erweckungsversuchen" (29) bemüht, die übermächtige Vergangenheit zu beleben, aber dies hatte nur Ekel in ihm ausgelöst.

> „Etwas von früher lebendig zu machen, hieß doch, es auf eine Weise komplettieren, daß das Vergangene in jener Pseudoanschaulichkeit auferstand, die den Vergangenheitsgrad des Vergangenen einfach verleugnete." (29)

Von der Erkenntnis ausgehend, daß reproduzierte Vergangenheit sich grundsätzlich nicht mit der vergangenen Realität deckt, kann Helmut die Bemühungen Buchs als „Puppentheater" abwerten, aber sie entfremdet ihm auch zugleich die eigene Vergangenheit, weil er nicht fähig ist, für sich den Schein einer schönen Erinnerung zu produzieren.

Damit nicht genug. Da Buchs Erinnerungsvermögen keineswegs autark ist, braucht er Halm. Er braucht einen Souffleur, der ihm die Zauberformeln sagt, die dann seine Erinnerungen zu neuem Leben erwecken. Helmut erkennt dies schon nach der ersten Begegnung (27), und Helene bestätigt diese Erkenntnis (54). Als Buch sich an einen Physiklehrer erinnern möchte, kann nur Halm den erlösenden Satz sagen, der den Physiklehrer herbeizaubert. Schon hier sind die beiden Figuren auf verhängnisvolle Weise aneinandergekettet. Während Klaus, dem die Erinnerungen eine Quelle der Selbstbestätigung sind, seinen ehemaligen Schulfreund braucht, um sie wiederzuerwecken, ekelt sich Helmut vor der Erinnerung. Er erkennt die Reproduktion als Schein. Aber nicht nur die Erinnerungen selbst lösen Ängste bei ihm aus, sondern auch die Tatsache, daß Klaus Buch so genau Bescheid wußte (27). Er könnte diese Kenntnisse zu Helmuts „Unterwerfung" benutzen (13).

2.2 Die Verschärfung des Gegensatzes: Sexualität

Die Themenkreise „Erinnerung" und „Sexualität" berühren sich, als Klaus Buch auf dem Boot die „unappetitlichen Details gemeinsamer pubertärer Sexualität"[19] auftischt (50–52). „Er redet ein bißchen viel darüber (...) Diesen Formulierungszwang find ich nicht so gut" (98), kritisiert Helene. Was bedeutet also die Sexualität für Klaus Buch? Schon sein erster Auftritt zeigt, inwieweit das Körperliche eine Rolle für ihn spielt: bis zum Gürtel offenes Hemd, tiefbraune Brust, senkrecht, durchtrainiert, überflußlos (19). Hier wie damals beim Brunnenbad setzt er Sexualität als Provokation ein, die sich in seiner Sprache, in einem bewußt legeren Umgangston, gepaart mit bildungsträchtigen Gemeinplätzen fortsetzt: „Zum Glück sei man so weit, daß heute jeder nach seiner Façon bumsen könne." (48) Die Zeugung von Kindern ist ihm ein Zeichen von Spießbürgertum. Kultur degeneriert bei ihm zur „Bumskultur", Sexualität zur Technik. Wer die technischen Höchstleistungen nicht erbringt, ist zweifellos „ein Fehler der Natur" (48). Seine erste Frau „hat es zuletzt nicht mehr gebracht", während Helene für ihn immer noch eine Herausforderung ist (108).

Für ihn, der sich jung erhalten will, ist sexuelle Leistungsfähigkeit eine Quelle des Selbstbewußtseins. Das war schon in der Jugend so. Er kam sich in der Klasse immer als eine „Küchenschabe" vor und konnte sich nur bei der Gruppenonanie beweisen: „Das seien so ziemlich die einzigen Rehabilitationschancen gewesen für ihn." (50) Daran hat sich nicht viel geändert. Erfolglos im Beruf, negiert er die Arbeit als Quelle der Selbstverwirklichung, und das Erotische nimmt diesen Platz ein. Voller Ironie läßt Walser ihn jedoch das Verhältnis umkehren: „Arbeit sei ein Ersatz für Erotik. Sie sei auch die Vernichtung des Erotischen. Das Erotische, ernst genommen, sei seinerseits die Vernichtung des Arbeitswillens." (97) Hier wird die Selbstrechtfertigung zum Programm erhoben.

Darüber hinaus klingt diese Äußerung wie ein Angriff auf Helmut, wenn er behauptet, daß nur Leute, „die erotisch nicht völlig da sind" (97), die Arbeit brauchen. Buch hatte nämlich am dritten Abend im Hotel beiläufig die Vermutung geäußert, daß aus dem „romantisch-bizarren Ha-Ha ein fanatischer Arbeitsmensch geworden sei." (95) Damit revidiert er sein reproduziertes Erinnerungsbild von Halm, den er als „Meister der Bizarrerie" (48) eingeschätzt hatte. Aber schon dieser Begriff deutet wieder auf Buchs ambivalente Haltung zu seinem ehemaligen Schulfreund hin, da „bizarr" sowohl positiv als ungewöhnlich wie auch als absonderlich, d.h. mit negativer Konnotation zu verstehen ist. Buch scheint schon hier auf Halms „Vorhautprobleme" in der Jugend anzuspielen, die er später auf dem Boot referiert und damit Helmut der Lächerlichkeit preisgibt. Helmut kann diesen Angriff auf seine Intimsphäre noch parieren, indem er Buchs Erinnerung anzweifelt und mit dem Vorwurf der Kompensation kontert: „Du warst ein bißchen isoliert, glaube ich. (...) Dadurch ist deine Phantasie angeregt worden. Eigentlich ein ganz normaler Vorgang. Jeder kompensiert." (53)

Aber die Bedrohung durch die Buchs ist noch umfänglicher. Wie sich Helmut durch die attraktive Helene angezogen fühlt,[20] so hat Klaus Buch sexuelle Wünsche in Sabine wachgerufen (55f., 72f.): „Wir sind beide ein bißchen verführt momentan, sagte er, laß uns aufpassen. (...) Wenn sie einander heute nahekämen, dann dächte sie an Klaus und er an Helene, und das sei für ihn eine Vorstellung, die ihn abrüste." (103f.) Helmut entzieht sich folglich den Ansprüchen seiner Frau an den drei Abenden. Doch die von Buch erzählten Jugendgeschichten, die Anreize Helenes und die Wünsche seiner Frau lösen in ihm negative Erinnerungen aus, die übergehen in eine grundsätzliche Auseinandersetzung mit der Sexualität (65–71).

Vor zwölf Jahren, in einem italienischen Hotel wurde ihm demonstriert, daß er sexuell nicht wettbewerbsfähig war. Jener Kontrahent im Nachbarzimmer war im Einvernehmen mit der Epoche. So mußte sich Helmut wie an den Pranger gestellt fühlen (66), und so wird auch Klaus, der Potente, der Sexprotz (61), zum Kontrahenten, weil er im Bewußtsein mit dem „Gegner" in Grado in eins fließt. Halm ist angewidert vom Eindringen des Leistungsbegriffs in die Intimsphäre. Schuld daran sind nach seiner Meinung die Medien, die die sexuelle Aktivität öffentlich vorschreiben und die Leistungsnormen festsetzen. Helmut reagiert darauf mit totaler Verweigerung, mit Ekel, der auch hier wie bei der Erinnerung als fast bewußt eingesetzter Schutzmechanismus aufzufassen ist, und mit seiner Lieblingsstimmung „blutige Trägheit". „Wollen ja. Tun nein." (68) Die erste Stufe hat er damit erreicht, daß er sexuelle Aktivität verweigert, sich jedoch noch in einer Mischung von „minnedienstlichem" Spiel und Voyeurismus von Helene, von den „hell- und leichtbekleideten Braungebrannten" (9), von Schülerinnen angezogen fühlt, einmal sogar seine Selbstbeherrschung verliert und hinlangt (20). „Daß er einmal nicht mehr wollen würde, wagte er nicht zu hoffen." (68) Den Rückzug deckt Helmut durch die Trennung von Außen- und Innenwelt und durch die Produktion von Schein, indem er das Gebot der Luststeigerung lauthals weitergibt. Öffentlich Ächtung der Unlust zu betreiben, zu Hause aber Ächtung der Lust zu versuchen, das ist sein Programm (69). Der Versuch kann aber nur mit Hilfe Sabines gelingen, von der er vermutet, daß sie „noch nicht so weit (ist) wie er." (65) Damit wird sie zu seiner verwundbarsten Stelle. Halm wirbt um eine gemeinsame Verweigerung. Das Richtige tun heißt für ihn, gegen die Strömung des vermeintlich Richtigen, öffentlich Propagierten, anschwimmen (104).

Doch Sabine fühlt sich, wie gesagt, von Klaus Buch angezogen. Mit diesem erscheint gleichsam die Leistungsnorm in Person, die Helmut seine „Minderwertigkeit" vorführt. Zudem versucht Klaus nach und nach, in den Bereich einzudringen, in dem Helmut bislang noch sein Inkognito bewahren konnte. Damit verschärft sich der Gegensatz der beiden Männer.

2.3
Die Zuspitzung des Gegensatzes: Natur

Wie oben festgestellt wurde, konstruiert Walser die Novelle so, daß sich Kapitel, in denen sich die Handlung primär in Innenräumen abspielt, mit Kapiteln abwechseln, die primär in der Außenwelt spielen. Der Frage, inwieweit hier die Erzählkonstruktion auf den Gegensatz der Hauptfiguren verweist, soll in diesem Kapitel nachgegangen werden. Ort- und Naturbeschreibungen werden der Novelle gemäß nur sehr sparsam ausgeführt und dienen häufig nur der kurzen Lokalisation der Handlung, so die Erwähnung der „Unteruhldinger Pfahlbauten" (45), an denen sich der Unmut Klaus Buchs entzündet, oder kurze Ortsbeschreibungen der Wanderung (77, 88). Auch in Kapiteln, die in der Außenwelt lokalisiert sind – die beiden Bootsfahrten und die Wanderung –, überwiegen bei weitem Dialogpassagen und erlebte Rede, während im Erzählbericht in erster Linie die Handlungen der Personen beschrieben werden. Um so wichtiger werden die kurzen Passagen der Naturbeschreibung, die nicht ausschließlich der Lokalisierung dienen, weil sie oft als Spiegel des Inneren der Personen zu interpretieren sind oder zeitgleiche bzw. vergangene Handlungen widerspiegeln. Darüber hinaus geben die Äußerungen der Personen und die Gedanken Helmuts Auskunft über das jeweilige Verhältnis der Männer zur Natur, das auf der Wanderung zur Zuspitzung des Gegensatzes beiträgt.

Während sich die Halms mit ihren Eß- und Genußgewohnheiten nicht um ihre Gesundheit kümmern, bemühen sich die Buchs, gesund und natürlich zu leben. Sie sind vielfältig sportlich aktiv und essen am ersten Abend nur Steak und Salat und trinken dazu Mineralwasser. Sie werben nicht nur bei Halms um diese „natürliche" Lebensweise, sondern propagieren sie auch in eigenen Publikationen, wie sich später auf der Bootsfahrt herausstellt. Fünfundsiebzigtausend Leute essen nach Klaus Buchs Büchern, so verkündet es Helene jedenfalls (44), und er plant ein Bodenseebuch mit dem schwülstigen Titel „Laß Europa aus dir trinken". Helene selbst hat ein Buch über Kräuter verfaßt. Dies verdeutlicht schon, inwieweit die Natur, oder das, was die Buchs dafür halten, ihr privates und berufliches Leben bestimmt. Der Text gibt einen weiteren Hinweis: Aus einer Randbemerkung Helenes, daß sie bei der Übersetzung des Kräuterbuchs nur Gott durch Natur ersetzt habe (44), läßt sich schließen, daß Buchs Naturverbundenheit fast zu einem Religionsersatz wird.

Wie erwähnt, hält sich Helmut am liebsten in Innenräumen auf. Schon auf der Terrasse des Cafés zieht er sich zurück, möchte möglichst nah an der Hauswand sitzen (9). Seine Gedanken kreisen oft um die Ferienwohnung (10, 11, 64, 93), sein Refugium, hinter dessen Gittern er sich am wohlsten fühlt. In dieses Refugium sollen die Buchs nicht eindringen (58, 94). Den abendlichen Spaziergang mit den Buchs lenkt er bald in eine Weinstube (59), in der er sich im Beisein Buchs offensichtlich sicherer fühlt. Innenräume sind sein Terrain. Hier kann er sich noch gegen Klaus Buch behaupten.

Von diesem Verhalten ausgehend, ist es auch berechtigt, Halm als den „Naturfernen"[21] zu bezeichnen, jedoch muß dieses Urteil modifiziert werden. Es schließt nicht aus, daß Helmut und Sabine gemeinsam wandern (87), daß Helmut auch sensibel genug ist, die Natur zu genießen. Obwohl er zunächst vorschlägt, den Omnibus zu nehmen, genießt er doch – allein mit Sabine – den gemeinsamen Heimweg am ersten Abend: „Zum Glück wehte ein heftiger Westwind und brachte Bäume und See zum Rauschen. Dieses einmütige Rauschen mochte er." (34) Für einen Augenblick möchte er sich sogar vor Begeisterung ins Wasser stürzen, wenn da nicht Klaus Buch wäre, den er auf keinen Fall kopieren will. Auch auf dem Weg zum Hotel am folgenden Nachmittag bemüht er sich, Bäume betrachtend, „den Gang selbst zu etwas (zu) machen.“ (39) Klaus Buch bemerkt auf der ersten Bootsfahrt, daß die Landschaft Helmut nicht unberührt läßt, die Sabine wortschwelgerisch beschrieben hat. „Helmut spürte die Sanftheit der Hügel, vor denen man hinfuhr, auch. Aber er hütete sich, das zu sagen.“ (41) Helmut genießt und schweigt. Dies ist ein Kennzeichen seiner Naturverbundenheit. Während Klaus Buch seine Naturliebe veröffentlicht, nimmt Halm sie mit in sich hinein. So wird der Wald, der offensichtlich eine besondere Bedeutung als Schutzraum für Helmut hat, in seinem Inneren zum „stillen Hain“, zu einem Zufluchtsort, der jedoch in seiner Vorstellung entgrenzt ist und damit ein Gefühl von Freiheit vermittelt:

> „Und Wälder. Immer sah er Wälder. Sah sich durch Wälder traben. Ohne sich zu bewegen, trabte er und kam immer tiefer hinein in Wälder, die, zum Glück, kein Ende hatten. Wälder, die kein Ende haben, das ist überhaupt das Vollkommene.“ (13)

Zu Beginn der Wanderung durchbricht Halm jedoch diese Haltung und kündigt offen „seine“ stillen Hochwälder an, in denen es sich gehen lasse wie in lauter Domen, die ein Gefühl der Endlosigkeit vermittelten (76). Doch „schmählich wird vor Klaus Buch zuschanden, was Halm für seine Domäne gehalten hat, denn er findet den Wald nicht.“[22]

Helmut hat die Wanderung geplant, er gibt die Richtung an (75), läßt in Limpach halten (76), doch schon wird er unsicher, ob es der richtige Ort ist. Man verliert sich im Unterholz. Otto übernimmt zeitweise die Führung der Gruppe. Dann irrt sich Helmut auch noch in der Wetterlage. Helmut, der Naturferne, der sich am wohlsten hinter den Gittern der Ferienwohnung fühlt, findet sich draußen nicht zurecht, zumindest wenn er unter Leistungsdruck steht: „Wetter, Orientierung, überhaupt alles, was außen stattfindet, wird bei mir zur Katastrophe.“ (79f.) Klaus Buch reißt die Führung an sich und spielt seine Sportlichkeit und seine Naturkenntnisse aus. Als er Helmut auch noch verhöhnt, kann dieser kaum seinen Haß unterdrücken und ärgert sich sogleich, daß er fast seine Inkognitorolle durchbrochen hätte (77, 79f.). Für Klaus Buch ist der Berg, der für ihn lächerlicherweise noch der

„Höchste" heißt, keine Herausforderung (82 f.). Helmut kann zwar auf dem Rückweg Hochwälder bieten, doch keiner nimmt Notiz davon (84 f., 86). Als es dann wieder zu regnen beginnt, hat man den schützenden Wald schon hinter sich gelassen (91). Auf dem Rückweg gelingt es wieder Klaus Buch, die Aufmerksamkeit aller auf sich zu ziehen, weil er Gelegenheit erhält, seine Fähigkeiten in der Natur zu beweisen. Es gelingt ihm, ein entflohenes Pferd einzufangen, und er verschafft sich damit die Bewunderung der Frauen. Auch die Hundephobie, die ihn bis dahin noch verletzbar machte (22, 31 f., 60, 75 f.), hat er mit der Tat überwunden. Helmuts Niederlage ist komplett, er verliert den Boden unter den Füßen, fängt aber seine Niedergeschlagenheit in einem „unangenehmen Bild" (92) auf.

Klaus braucht die Herausforderung der Natur. Das zeigt sich wieder am folgenden Tag auf dem Boot, draußen auf dem See, dem Reservat Klaus Buchs. Er hat Helmut mit hinausgenommen, dorthin, wo der Segelunkundige unterlegen sein muß, sich seinen Anweisungen fügen muß. Der Bodensee bietet ihm jedoch zunächst nicht die Herausforderung wie damals die Ägäis, und sobald die Natur dies nicht leistet, ist sie für ihn uninteressant, impotent. Seine Formulierungen zeigen, daß bei ihm die verschiedenen Herausforderungen wie Sport, Sexualität und Natur in eins fließen (106, 114), er sowohl die eigene physische Natur als auch die äußere Natur bezwingen will. So kann Klaus Buch nur auf starke Reize reagieren. „Farbloses farblos im Farblosen" (106) interessiert ihn nicht, während Helmut sensibel die sich während des Nachmittags verändernden Farbnuancen registriert (115). Buch reagiert dagegen ekstatisch, dionysisch auf die Natur. „Wenn mir ein Regentropfen auf der Haut zerplatzt, könnte ich Schreien vor Begeisterung. Wenn ich in einen Baum schaue, könnte ich aufschreien vor Liebe zum Chlorophyll" (109), äußert er auf der Bootsfahrt. Während Helmut die schönen, stillen Hochwälder als Refugium schätzt, erscheint das entsprechende Motiv bei Klaus Buch lebenskräftig, erotisch, beinahe rauschhaft.[23] Um Helmut zu überreden, ein paar Tage mit nach Starnberg zu kommen, malt er ihm eine Szene aus, in der er (Klaus) auf seiner Terrasse die Natur der Umgebung genießt. Auch hier, wie bei den Beschreibungen Halms, wird ein synästhetischer Eindruck vermittelt. Vielleicht greift Buch bewußt die Formulierungen Halms auf, doch sein Bild ist übersteigert zu gewaltigen Bäumen, die von Vogelstimmen tönen und sich so in eine Riesenorgel, in einen Riesenhallraum verwandeln, der dann zu allem Überfluß auch noch abhebt. Buchs Vogeldom gerät zu einem vieltönenden Raumschiff. Auch in dieser Beschreibung ist die Grenze zwischen Naturliebe und Sexualität fließend, da der Leser zunächst nicht weiß, ob Buch in diesen vieltönenden Wald oder ins Haus, zu Helene hineingeht.

Aber auch an weiteren Stellen sind die Motive von Natur und Sexualität aufeinander bezogen. In der zweiten Nacht befürchtet Helmut, daß Sabine ein Nachtgewitter für eine Begünstigung ihrer Forderung nach ehelichem Verkehr halten könnte (72). Während sich Helmut am folgenden Morgen über die Samenhöschen der Hummeln lustig macht (75), spielt Sabine, die „Naturalistin" (103), in den folgenden Tagen auf das Gewitter und damit auf Helmuts Verweigerung an (102 f.).

Auch der Wetterumschwung auf dem See ist mit einem Gewitter verbunden. Während Helmut die zuschlagenden Böen, die fauchende Fläche des Sees (117) als Bedrohung empfindet, weist Buch freudig auf die dunkle Gewitterfront hin. Als der Sturm losbricht, nimmt Klaus die Kampfansage an – und verliert, zumindest zunächst, weil er über Bord geht. Aber Klaus ist „jemand, der mit allen Schwierigkeiten fertig wird. Wenn sie aus der Natur kommen. Der Natur gegenüber war er immer mutig, einfallsreich, unbesiegbar" (137), stellt Helene fest, und plötzlich steht er da, hat es irgendwie geschafft, während Helmut, passiv im Boot kauernd, der Natur ergeben, sich an Land treiben ließ. Klaus ist den Wellen entkommen. „Er besiegt jede Natur." (146)

2.4
Das Titelsymbol des fliehenden Pferdes

Im Anschluß an die sogenannte Falkentheorie Paul Heyses hat Hermann Pongs in verschiedenen Arbeiten in den zwanziger und dreißiger Jahren die besondere Bedeutung eines zentralen Symbols für die Novelle herausgestellt.[24] Die neuere Forschung hat diese Position relativiert und festgestellt, daß Heyse mit seinem Begriff des „Falken" und seiner Forderung nach dem „Specifischen" und der „Silhouette" einer Novelle nur die Zuspitzung auf einen zentralen Punkt und die Beschränkung auf ein zentrales Ereignis gemeint habe. Es gebe viele Novellen ohne ein zentrales Symbol, und die Form verlange auch nicht ein solches. Selbst der Falke aus Boccaccios neunter Geschichte des fünften Tages im *Decamerone* – auf diese Novelle bezieht sich Heyse – sei kein Symbol, sondern ein Spitzenmotiv.[25] Für Walsers Novelle ist damit die Frage aufgeworfen, wie das sprachliche Bild des fliehenden Pferdes einzuordnen ist und welche Bedeutung es für die Novelle hat. Doch zunächst soll es gedeutet werden.

Die Szene im 6. Kapitel (88–91), in der Klaus Buch ein fliehendes Pferd einfängt, muß erst einmal konkret aufgefaßt werden. Klaus kann sich anhand dieser Tat als der Männliche und Naturnahe beweisen. Helmut erfährt in dieser Szene erneut seine Unterlegenheit. Aber das Bild verweist nicht nur auf den Komplex der Natur, sondern auch auf das Motiv der Flucht und damit auf die beiden männlichen Hauptpersonen. Gestützt wird diese Annahme durch das Gespräch nach der Bändigung, in dem deutlich wird, daß sich sowohl Klaus als auch Helmut in die Situation eines fliehenden Pferdes versetzen, sich womöglich mit ihm identifizieren können (90f.).

Zunächst fällt auf, daß Helmut flieht, Fluchtgedanken hegt. Er flieht vor den ihn bedrückenden Verhältnissen des Lehrerberufs in seinen Urlaubsort (12). Aber damit ist die Fluchtrichtung nur unpräzise bestimmt. Oft ist sie auch nicht lokal zu bestimmen: „Einfach weg, weg, weg." (12) Zuweilen zieht es ihn in Innenräume, in die vergitterte Wohnung, in die Isolation: „Wie leicht alles wird, sobald man allein ist. Nicht nur innen." (37f.) „Schulter- und Gesichtszwang" fallen fort. In Gesellschaft flüchtet er in seine Inkognitorolle und in seine sensiblen, melancholischen Stimmungen. Es zieht ihn nach innen: Introversion. Helmut flieht vor der „Dressur" (13). Hier wie auch in einer Fluchtphantasie, in der er sich durch Wälder traben sieht (13), deutet die Wortwahl schon die Szene im 6. Kapitel und ihren Bezug auf Helmut voraus. Wie in Stuttgart, so hat er auch im Urlaubsort nach dem Zusammentreffen mit den Buchs Angst, erkannt und unterworfen zu werden. „Die griffen ihn ununterbrochen an. Beide." (61) So empfindet es Helmut, und so durchziehen Angriffe, Fluchtgedanken und -motive die gesamte Novelle: Vor allem die Verabredungen, die kaum noch als solche zu bezeichnen sind, zeugen von einem dominanten, fast aggressiven Verhalten Klaus Buchs. Seine Formulierungen, vielleicht witzig gemeint, verraten ihn: „Sie entkämen ihm nicht“ (24), um drei Uhr wollen sie Helmut und Sabine sehen (34). Helmut möchte sich den Einladungen und Verabredungen entziehen, aber es gelingt ihm nicht. Bei einem Versuch der Verabschiedung wird Buch sogar „halb spielerisch“ (56) handgreiflich. Am Abend befiehlt er dann, daß Helmut sich gefälligst etwas einfallen lassen solle, wohin man wandern könne (64). Beim Essen machen die Buchs ihnen „herzliche Vorwürfe“ (31, 33), daß Helmut das Essen und das Rauchen schon nicht mehr schmeckt wie sonst (35). „Er hatte Angst, er könne seine Gewohnheiten gegen dieses Paar nicht verteidigen“, gegen die ständigen Angriffe auf seine Eß- und Genußgewohnheiten, seine Haltung zur Vergangenheit und auf seine Bewältigung der Sexualität. Und Sabine hilft ihm nicht, „den Angriff dieses Eß- und Seesportlers abzuwehren.“ (57) Ihm bleibt nur die Flucht.

„Sie sahen Klaus in einem geradezu wilden Tempo fortrennen. Quer über die Wiesen. Plötzlich stoppte er, änderte seine Richtung, rannte weiter, auf einen Baum zu, lehnte sich an den Stamm (...)“ (81). Die Fluchtbewegung, die Klaus Buch hier vollführt, ähnelt in auffallender Weise der des geflohenen Pferdes. Walser gibt damit einen ersten Hinweis, daß das Bild auch auf Klaus zu beziehen ist. Er flieht vor dem Klavierspiel, davor – das stellt sich später heraus –, daß sich Helene von ihm befreien könnte. Man konnte es schon erahnen, aber erst mit Helenes Aufdeckung wird klar, daß auch Jet-Set-Image, „Los Rodeos“ (48) und die Bahamas (102, 137, 129) Fluchtziele seiner Phantasie sind. Er flieht vor der Isolation, vor der Erfolglosigkeit im Beruf, auch vor dem Alter. Er müht sich ab in der Darstellung einer „Peter-Stuyvesant-Identität“, und „selbst in seiner Fluchtphantasie bleibt er gefesselt an ein Touristik-Klischee von Freiheit: Dauerferien auf den Bahamas.“[26]

Sowohl Klaus als auch Helmut fliehen vor der Wirklichkeit. Doch sie unterscheiden sich nicht nur in der Fluchtrichtung, der Flucht nach vorn, nach außen und nach innen, Introversion gegen Extroversion, auch ihre Art zu fliehen unterscheidet sich erheblich: Helmut wie ein fliehendes Pferd, Klaus eher wie ein „fliehender Reiter“ (s.u.). Helmut kann sich jedoch nur in seine

Innenwelt zurückziehen, wenn er sich Rückendeckung in der „Außenwelt" verschafft. Dies gelingt ihm, indem er sich scheinbar mit allem einverstanden erklärt: Begeistert allem zustimmen, ist also seine Devise. „Nur durch Zustimmung kommst du weg", (87) sagt er sich, und so stimmt er auch zu, als Klaus seine Pferdekenntnisse referiert, lobt ihn lauter als es die Frauen tun (92), lacht am lautesten und längsten, als Buch die pubertären Erfahrungen ausbreitet (52) und läßt am ersten Abend auf die Einladung in den „Hecht" ein „sehr einverstanden" (26) vernehmen.

In fast klassischer Erfüllung der Form läßt Walser Halm am Schluß des 8. Kapitels, nachdem Helmut Klaus über Bord gestoßen hat, das fliehende Pferd „herbeizitieren": „Klaus hatte in Unterhomberg gesagt, ein fliehendes Pferd lasse nicht mit sich reden. Er hatte zugestimmt." (123) Walser schafft damit die Verbindung der beiden Höhepunkte des 6. und 8. Kapitels. Helmut gibt mit dieser ersten Bewertung selbst den Hinweis, daß das Ereignis auf dem Boot auf dem Hintergrund der Szene im 6. Kapitel zu interpretieren ist.

Noch zweimal werden durch das Zitat des sprachlichen Bildes Textstellen herausgehoben. Am Donnerstagmorgen nach der unglücklichen Segelpartie erinnert sich Helmut, daß er am Vorabend bei der Rückkehr in die Zürnsche Wohnung ein grünes Heupferd vorgefunden hat, das sich im Sterbekampf in einen Vorleger verkrallt hatte. (127) Daß er in seinen Assoziationen den Nackenschild des Heupferdes sowohl mit einem Schubertkragen als auch mit Buchs in den Kragen reichende Haarbrücke vergleicht, legt die Vermutung nahe, daß Helmut den Zusammenhang von Helenes Spiel der „Wandererphantasie" und Buchs oben beschriebener Fluchtbewegung erkannt hat, oder daß die Erzählkonstruktion hier diesen Zusammenhang herstellt. Das Heupferd weist somit zum einen auf den totgeglaubten Flüchtenden, Klaus Buch, zum anderen aber auch auf Halm selbst. Vor dem schlechten Gewissen flüchtend, versetzt er sich in die sensible Stimmung des „Schon-jetzt-vergangen-Seins" (30), indem er sich in das sterbende Heupferd hineindenkt, was ihm – zitternd – selbst physisch gelingt.

Aber die Schuldgefühle holen ihn an diesem Morgen ein, zwecklos die Ausreden und Ausflüchte: „(...) stopp, stopp, stopp, so darfst du nicht denken, gib ruhig was zu, laß ruhig dein Gewissen grasen, was heißt denn das, bitte, das Gewissen grasen lassen, wohl ein Wettbewerb in Maulhuberei, stopp, gib zu, du wirst nicht fertig damit, (...)" (129). Wie das fliehende Pferd für einen Augenblick innehielt, kann Helmut hier für einen Moment seinen Gedankenfluß stoppen und kommt zu der grundsätzlichen Bewertung seiner Tat. Doch diese Erkenntnis treibt ihn erneut fort, diesmal in die Klaus Buch eigene Flucht nach vorn: „Dauerlauf. So ganz sachte antraben." (129) Beide Zitate beziehen sich auf das Gespräch im 6. Kapitel (90f.). Dieser Zusammenhang gestattet es, das Bild des fliehenden Pferdes als Symbol aufzufassen. Es ist nicht Allegorie der Flucht, sondern es weist über sich hinaus, auf die Fluchtsituationen der beiden Männer, auf ihre ganze Lebensproblematik. Damit ist es im Sinne Hermann Pongs „Dingsymbol", indem es als gegenständliche Realität die beiden Lebensstrategien repräsentiert. Von Walser ist das Symbol durch das Zitat im 8. Kapitel in erster Linie werk-immanent angelegt, da es für die Figur Halm in dem Moment diese Bedeutung erhält. Für den Leser kann es aber auch eine werk-transzendierende Bedeutung gewinnen, weil es die grundsätzliche Lebensproblematik von Zwang, Anpassung, Identitätsverlust, Lebensflucht etc. versinnbildlicht. Durch die Zweigliedrigkeit des sprachlichen Bildes (Partizip Präsens und Substantiv) gelingt es Walser, das Geschehen und die Dynamik der beiden Fluchtsituationen im Bild zu konzentrieren. Er umgeht damit die von Malmede angesprochene Schwierigkeit, daß ein Geschehen kaum in einem echten Symbol auszudrücken sei.[27] Das Symbol des Pferdes hat eine lange Tradition: Seit ältester Zeit ist es Herrschaftszeichen. Das Pferd erhebt den Ritter über das gemeine Volk. In der bildenden Kunst ist das Pferd aber auch als Sinnbild der unschuldig leidenden Kreatur, als aufbäumendes Pferd auch als Freiheitssymbol zu finden. Daneben gilt es in der Kunst und im christlichen Mythos auch als Sinnbild der Wollust, der animalischen Kräfte, des Lebens schlechthin.[28] Diese Vielschichtigkeit eröffnet dem Leser noch weitere Deutungsspielräume.

Malmede hat darauf hingewiesen, daß ein Symbol auch stets gleichzeitig Motiv ist, d.h. kleinste Einheit eines stofflichen Gefüges, sei es ein Ding, ein Vorfall oder Charakter. Qua Motiv ist es in eine stoffliche Vordergrundschicht eingebunden, qua Symbol verweist es auf eine thematische Hintergrundschicht.[29] Zum Leitmotiv werden Handlungsteile, sprachliche Bilder etc. dann, wenn sie in gliedernder und verbindender Funktion wiederholt werden. Die Motive bilden dann eine Motivkette. Ein Motiv kann zum Grund- oder Spitzenmotiv werden, wenn sich andere (Neben-) Motive ihm zu- oder unterordnen lassen. Die oben vorgenommene Deutung des Zentral- oder Titelsymbols hat im Grunde die Motivkette „Flucht" rekonstruiert und von dort aus das Titelsymbol erhellt. Genaugenommen bildet das Symbol des fliehenden Pferdes eine kleine Motivkette, die in die umfassendere der Flucht eingeordnet ist. Das Symbol ist somit selbst leitmotivisch eingesetzt, sowohl handlungsfördernd als auch deutend, es lenkt aber auch vom Titel her die Aufmerksamkeit des Lesers auf das Spitzenmotiv der Flucht. Entgegen der Meinung von Pongs ist das Symbol aber nur qua Motiv strukturbildend, also für die Form der Novelle bedeutsam.[30] Diese Präzisierung ist allerdings für die Interpretation zweitrangig. Es zeigt sich nur, daß Walser auch in diesem Punkt seine Novelle so genau konstruiert, daß er alle „klassischen" Anforderungen der Form erfüllt.

2.5
Die „unerhörte Begebenheit" und ihre Bewertung

Auf der zweiten Bootsfahrt (8. Kap.) entblößt Klaus Buch einen Teil seiner wahren Identität, die sich vorher schon andeutete. Er redet, als ginge es um sein Leben (114ff.); und um das geht es ja auch, um die gemeinsame Rettung, die doch, wenn man Helenes spätere Aufdeckungen hinzunimmt, in erster Linie Buchs Rettung ist. So hat er im eigentlichen Sinne recht, wenn er scheinbar wohlwollend sagt, daß seine Angebote der reine Egoismus seien (111). Helmut, dem Nähe und Offenheit widerwärtig sind, sagt kaum ein Wort. Auch hier wendet er seine Methode an, daß man nur durch Zustimmung sich den Erwartungen anderer entziehen könne (87) und beschwört damit ein Mißverständnis herauf: „Helmut nickte, so oft er konnte. Klaus Buch mußte den Eindruck haben, Helmut überlege sich diese Vorschläge ernsthaft. Das spornte ihn zu immer neuen Angeboten an." (110) Helmut solle mit nach Starnberg, mit auf die Bahamas kommen usw.

Klaus ist fasziniert vom Leben (108), jedoch nicht von einem kontemplativen. Er braucht den Reiz, die Sensation, Aktivität und Vitalität. Daher lehnt er auch das routinemäßige, kleinbürgerliche Leben Helmuts ab und bewertet es als Stagnation (96, 42). Er kämpft um Helmut, wie er um Helene kämpft. Leben ist Kampf. Das klingt nach Darwin und Nietzsche. „Beute machen, Beute in Sicherheit bringen, Beute verzehren, wieder Beute machen und so fort." (112) Den Sieg verdient, wer lebenstüchtig ist. Das Leben bewegt sich für Buch jenseits des Ethischen und Moralischen (107).

Trotz der Niederlagen in der Natur bleibt Helmut für ihn eine Herausforderung: Natur versus Geist.[31] Klaus, der Formulierungskünstler, möchte nämlich brillant bleiben, geistig glänzend und großartig sein, aber er empfindet, daß ihm die Substanz fehlt. Helene wird später berichten, daß ihm seine doch so hochgeistige Arbeit zur Schinderei geworden ist (136). Klaus Buch hat Angst, zu verdummen (109, 110). Da kommt ihm Helmut, die „Problemschraube, Zarathustra in Badehose gelesen," (109) gerade recht. Komplexe scheint er mit Forschheit und Verweisen auf seine Fähigkeiten zu kompensieren. Er stellt die Lage so dar, als sei er in erster Linie um Helmut bemüht, als brauche Helmut ihn, obwohl er, wie oben bemerkt, sein Eigeninteresse durchblikken läßt. Eine Herausforderung für den Körper, eine andere für den Geist. So stellt er es sich vor. Das Fatale ist nur, daß sich Helmut in die entgegengesetzte Fluchtrichtung bewegt. Er hat das dionysische Lebensgefühl, wenn er überhaupt jemals dazu stand, weit hinter sich gelassen. Er hat Nietzsche „kleingekriegt",[32] so könnte man das Gedankenbild am folgenden Tag deuten, das auch auf Klaus Buch verweist (124f.). Halm hat das Leben reduziert und nach innen verlegt. Das gehört zu seiner Lebensstrategie. Er kann den wechselseitigen Gebrauch (111) nicht zulassen und benötigt ihn auch nicht. Außerdem: Im Kampf gibt es Sieger und Besiegte, und an einem gemeinsamen Sieg muß er schon angesichts der zweitägigen Erfahrungen mit Klaus Buch zweifeln und angesichts des Schicksals von Helene. Klaus benötigt und gebraucht andere Personen für seine Flucht. Helene und Helmut sind ein „challenge" und zugleich Fluchthelfer für ihn (108, 110). Beide führt er auf seine Kampfplätze und vollführt dort sein „Rodeo" (49, 117, 129), hält seine Gegner klein und demonstriert ihnen ihre Unfähigkeit (109). So könnte man Buch als einen „fliehenden Reiter" bezeichnen.

Ganz langsam nähert sich Klaus Buch Helmut, gleichsam von der Seite. Er möchte zuerst nur ein wenig „quatschen". Ob sich Helmut nicht vorstellen könne, mit auf die Bahamas zu kommen, er möchte sich aber keinesfalls in Helmuts Leben einmischen (107). Mit dem nächsten Schritt dringt er in Helmuts Intimleben ein, doch Helmut blockt ab, indem er eine Antwort auf Buchs Fragen verweigert. Bedenkt man die nächtlichen Gedanken und Erinnerungen Halms, so wird deutlich, daß Buch hier Helmuts verwundbarsten Punkt aufgespürt hat; sogar eine Trennung von Sabine schlägt er vor. Zuletzt möchte er gar Halms Persönlichkeit umkrempeln, den realen Helmut wieder an sein Erinnerungsbild angleichen: „Dich richte ich wieder her. Du wirst sehen, in einem Jahr kennst du dich nicht wieder." (110) Herrichten, das klingt wie abrichten, wie Dressur, vor der sich Halm so fürchtet. Helmut will Buch abschütteln, aber es gelingt ihm wieder nicht. Nur durch Zustimmung kommt er eben doch nicht weg, sondern beschwört nur Mißverständnisse herauf und provoziert Buch zu weiterer Annäherung.

Helmut versteht die Unruhe Buchs, kann sie jedoch nicht ertragen. Er selbst betrachtet in aller Ruhe die Wetterveränderungen. Darüber hinaus bleibt uns die psychologische Situation Helmuts während des Monologs von Klaus Buch verborgen, weil uns der Erzähler im Stich läßt. Die „sympathetische Natur"[33], die hier Helmuts Seelenlage spiegelt, das Gewitter, von Walser leitmotivisch eingesetzt, deutet eine Verletzung Helmuts und zugleich einen nahen Konflikt an: „Man sah im Wasser alle Blaus, das Silber, das Rosa; zusammen ergab es ein immer stahlflüssigeres Blau, in dem ein violettes Gold flutete. Und da hinein rissen dann die Gewitterböen ihre schwarzen Narben." (115) Helmut hat begriffen, in welcher Situation er sich befindet und daß er kaum Möglichkeiten der Abwehr hat, ohne sich selbst preiszugeben.

Die Abwehr besteht schließlich darin, daß er Klaus Buch das Ruder aus der Hand stößt, ihm damit die Führung des Schiffes nimmt. Wie kommt ein saturierter, passiver Kleinbürger wie Helmut Halm zu solch einer Tat? Die Forschungsliteratur wie auch Rezensionen haben das Geschehen in unterschiedlicher Weise interpretiert und versucht, juristisch zu bewerten. Einige Beiträge sollen im folgenden herangezogen werden. Zunächst ist jedoch zu fragen, ob es sich überhaupt um eine Tat, d.h. um ein schuldhaftes Verhalten Helmut Halms handelt, oder ob es nur ein unglücklicher Zufall war, weil eine Bö das Boot unglücklich traf. Die Natur bereitet die „unerhörte Begebenheit“ vor,[34] doch der Sturz Buchs wird nicht unmittelbar durch eine Bö verursacht. „Als Helmut sah, daß die über Bord laufenden Wellen jetzt gleich ins Cockpit schlagen würden, stieß er mit einem Fuß Klaus Buch die Pinne aus der Hand. Jetzt passierte alles gleichzeitig. Das Boot schoß wieder in den Wind, Klaus Buch stürzte rückwärts ins Wasser. Das Boot richtete sich auf.“ (120) Das Aufrichten des Bootes, das den weit hinausgelehnten Buch letztlich über Bord wirft, ist eine Folge der Freigabe des Ruders, das das Boot hart am Wind hielt. Buch konnte sich nur durch Festhalten an der Pinne im Boot halten.

Der Versuch einer juristischen Urteilsfindung ist hier müßig und von einem Laien kaum zu leisten, doch soll auf diesen Punkt kurz eingegangen werden, weil die vorliegenden Interpretationen fast ausschließlich juristische Begriffe einführen: Die Bewertung geht vom Mordversuch bis zur Notwehr.[35] Die Situation ist so angelegt, daß hier kaum zu entscheiden ist, da der Text für alle diese Möglichkeiten Belege liefert. Die Beurteilung als Mordversuch wäre denkbar, wenn man, wie Waine es tut,[36] das Verhalten Halms auf dem Hintergrund eines Ehe- und Eifersuchtsdramas deutet. Der „Vorsatz“[37] scheint mir aber nicht haltbar, obwohl Helmut in seinem Brief eine Abwehrreaktion andeutet (37). Es finden sich weder weitere Hinweise in den Gedanken Helmuts, die auf einen Plan oder Heimtücke hindeuten könnten, seinen Kontrahenten auf diese Weise loszuwerden, noch paßt eine geplante Tat zu der in Trägheit und Zustimmung verharrenden Person Halms. Auch Notwehr als Rechtfertigungsgrund ist nicht unbedingt einsehbar, weil Klaus Buch, der erfahrene Segler, das Boot beherrscht, es immer wieder aufrichten kann, auch wenn sich Helmut in Todesgefahr glaubt. Ein Verteidiger könnte jedoch ins Feld führen, daß die reale Gefahr schon durch die Warnlichter (115) angezeigt war, daß ihr Boot das letzte auf dem See war (117), daß Buch trotz mehrfacher Aufforderung (116f., 118) nicht den Hafen angesteuert hat und daß während des Sturms drei Personen ertrunken sind (125). Trotzdem müßte sich Helmut dann fragen lassen, ob er das mildeste Mittel zur Verteidigung gewählt hat. Zudem erhöht er seine Überlebenschance nicht gerade, wenn er sich von dem Bootsführer befreit. Es bleibt die Affekthandlung. Helmut hat Angst vor dem Kentern und bedenkt nicht die Folgen seiner Tat.

Wichtiger als eine laienhafte juristische Urteilsfindung (vgl. auch S. 102) scheint mir die Ergründung der Motive des „Täters". Die Natur schafft, wie gesagt, den Rahmen, denn ohne Sturm und Gewitter wäre das Geschehen nicht denkbar, da der Sturm das Boot aufrichtet, zum anderen die Ängste in Helmut auslöst. Aber es sind nicht nur die fauchende Fläche des Sees und die Böen – die Buch als verrückt bezeichnet (116) –, sondern auch das Verhalten Buchs selbst, die Ängste in Helmut auslösen. Buch reagiert begeistert auf die Sturmwarnung, nimmt streitlustig den Kampf mit der Natur auf und schreit vor Vergnügen, während die Wellen fast ins Boot schlagen. „Es sei höchste Zeit, daß Helmut aufhöre, dem Leben auszuweichen." (117) Es ist Buchs ausgeführte Lebensphilosophie, die mit der Natur korrespondierende, panerotische Feier des Lebens, mit der er die Flaute und Lebenskrise zu überwinden glaubt.[38] Das wird nun Helmut angesichts der zweitägigen Erfahrungen mit Buch und der oben analysierten Rede deutlich: „Dieser Klaus Buch war also wahnsinnig." (118) Mit seinem Rodeo führt ihm Klaus jedoch auch erneut seine Lebenstüchtigkeit und Naturbeherrschung, Mut und Vitalität, überhaupt seine Überlegenheit vor. Und Helmut? Helmut versagt als Segler, er läßt die Leinen los. Klaus vertreibt ihn zuletzt auch von der Pinne, die Helmut, als sei es ein Stück von ihm, zwischen die Beine nehmen sollte (119). Waine deutet diese Szene symbolisch als Entmannungsakt,[39] mit dem der virile Buch den sexuellen „Versager" Halm, den er schon einen Feigling geschimpft hat (118), tief in seiner Männlichkeit trifft. Verbal schon in dem vorangegangenen Gespräch in die Enge getrieben, ist Helmut nun den Aktionen Buchs hilflos ausgeliefert. Angst, Fluchtpanik und angestaute Aggression, die sich bislang nur in Gedankenspielen und Worten an Sabine entluden (37, 66, 79, 103), lösen hier die aggressive Kurzschlußhandlung aus, das „Aufbäumen eines fliehenden Pferdes". Auf der Ebene der Erzählkonstruktion lenkt Walser diese Deutung, indem er zum Schluß des Kapitels Helmut die Verbindung zum Motiv des fliehenden Pferdes herstellen läßt. Vorausdeutend verweisen schon einige Äußerungen, ironischerweise auch einige Bemerkungen Buchs, auf die

Begebenheit hin, wenn er beispielsweise sagt, daß der über Bord fliege, der noch einmal „Sie“ zum anderen sagt (54). Helmut wünscht (75) oder befürchtet eine der Katastrophen (103), die nach seiner Meinung in der Außenwelt fast zwangsläufig über ihn hereinbreche (80). Diese Katastrophe tritt schließlich ein. Kurz vorher formuliert Buch wieder die Wahrheit, ohne sie selbst zu verstehen: Sobald Helmut sehe, daß es ernst werde, werde er zu fliehen versuchen. „Dann sei es wirklich zu spät. Oder es gelinge nur noch eine Kurzschlußhandlung.“ (111)

Klaus erlebt seinen wenig rühmlichen Untergang, während Helmut, eben nicht triumphierend, sondern heulend, wie oft nach einem ehelichen Beischlaf, sich an Land treiben läßt. Sein Verhalten nach der Tat entlastet ihn weiter von dem Vorwurf des Vorsatzes. Er sagt sich, daß er es nicht gewollt habe, und hofft, daß Klaus sich retten werde. Am folgenden Tag reflektiert er erneut sein Tun. Die Textstelle (129, s.o.) ist durch das Pferdemotiv gekennzeichnet. Zunächst plädiert er auf Notwehr, doch die Schuldgefühle lassen sich nicht unterdrücken. Hier, wie unmittelbar nach dem Vorfall, treten Selbstzweifel auf, nicht nur an seiner Schuldlosigkeit. Er hat einen nicht zu revidierenden Fehler gemacht, weil er in dieser Sekunde seiner Tat aus sich herausgegangen ist, er hat den „Schein“ nicht geschafft, hat gelebt, indem er Buch in Todesgefahr gebracht hat. Er hat „einem tiefen vitalen Bedürfnis gehorcht und ist seinem Prinzip der systematischen Negation des Lebens untreu geworden.“[40] Deshalb das Gefühl des Vernichtetseins. Helmut bedenkt nicht einmal, welche strafrechtlichen Folgen für ihn entstehen können. Über die juristische Urteilsfindung hinaus bewertet er die grundsätzliche Bedeutung der Tat für seine Lebensstrategie.

2.6 Der Antagonismus der männlichen Hauptfiguren und seine Bewertung

Das letzte, sehr dichte 9. Kapitel, das einen ganzen Tag beschreibt, beginnt mit Helmuts Betrachtung eines Naturvorgangs, der als Spiegelung der Begebenheit am Vortag gedeutet werden kann (124, 142). Er sucht mit dem Fernglas die Nahaufnahme dieses Vorgangs. Aber auch darüber hinaus scheint Helmuts Benehmen an diesem Tag ungewöhnlich, da er sein Verhalten zweimal wesentlich ändert. Die Wendepunkte werden durch die Lektüreversuche markiert (128, 147). Der See hat sich beruhigt, der Antagonismus scheint zunächst aufgelöst, weil Halms Gegenspieler ausgeschaltet ist. Aber Schuldgefühle und Buchs Gegenposition haben sich in Halms Bewußtsein festgesetzt. Die Zweifel an seiner Lebensstrategie, das Leben hinter sich zu lassen, die sich schon in dem Traum anmeldeten (73 f.), werden nun, da er sie auch aktiv durchbrochen hat, immer stärker. Der Rückzug in die Lektüre gelingt nicht mehr. „Plötzlich hatte er das Gefühl, daß von jetzt an von allen Seiten ununterbrochen Angriffe zu gegenwärtigen seien." (128) Der Widerstreit der beiden Lebensstrategien ist nach innen verlegt. Deshalb kann Halm nicht mehr die „Richtung" bestimmen, aus der er angegriffen wird. Er reagiert auf diese Situation mit Aktivismus, der bislang Buch zu eigen war: Sport treiben, hinaus in den Wald. Diese Verhaltensänderung könnte man sowohl psychologisch als auch „strategisch" deuten; psychologisch insofern, als er nun auf diese Art versucht, sich abzulenken. „Strategisch" sind zwei Deutungen möglich: Helmut hält an einer Strategie des Rückzugs fest, möchte aber einen stabileren Schein aufbauen, indem er äußerlich die Empfehlungen Buchs übernimmt. Wahrscheinlicher ist jedoch, daß Halm nun, da er nicht mehr an seinem Konkurrenten gemessen werden kann, probeweise dessen Lebensstil übernimmt. Auf jeden Fall versucht er erneut zu fliehen, auch wenn die Fluchtrichtung noch nicht ganz klar ist. Erst einmal hinaus, „ganz sachte antraben" (129).

Die Fluchtrichtung ändert sich erneut nach dem zweiten Versuch, Kierkegaard zur Hand zu nehmen: Abreise, auch wenn das Ziel noch nicht feststeht (148). Was löste diesen Wandel aus? Als die Halms nach dem Kauf von Fahrrädern und Trainingsanzügen zu sportlichen Aktivitäten bereitstehen, taucht plötzlich Helene auf, äußerlich verändert. Ohne Klaus legt sie auch die erzwungenen Lebensgewohnheiten ab. Nach dem dritten Calvados packt sie aus, erzählt von ihrer unglücklichen Ehe, von den beruflichen Abhängigkeiten ihres Mannes, von seinen unerfüllten Träumen, vom ganzen Lebenskampf. Klaus Buch bricht in diese Aufklärungsrede hinein. Helmut reagiert auf diese veränderte Situation.

Die sportlichen Aktivitäten sind passé, er drängt auf sofortige Abreise. Es bieten sich wiederum drei Deutungsmöglichkeiten an: Da Helene inzwischen ihren Mann entlarvt hat und damit die Irrealität seines Fluchtplanes, wäre die Übernahme seiner Lebensstrategie unsinnig. Auch die Ablenkung ist nicht mehr notwendig, da Klaus Buch ja noch lebt. Zudem wird die „Schein-Produktion" lächerlich und die Rollenübernahme unmöglich, sobald der Konkurrent wieder erscheint, denn „(w)ahrscheinlich hatte Klaus ihn in (jenem) Augenblick so durchschaut, wie ihn noch niemand durchschaut hatte. Und der, der ihn so durchschaut hatte, lebte." (147) Schon in dem kafkaesken Traum war ihm die Bedingung bewußt geworden, daß er mit seiner Lebensstrategie nur leben konnte unter Menschen, wenn seine wahre Person unerkannt bleibt: „Wenn dich ein einziger erkennt, ist es aus für immer." (74) Für Helmut bleibt nur die erneute Flucht.

Der sonst so redselige Klaus Buch verläßt den Schauplatz so einsilbig, wie sich Helmut vorher gezeigt hatte. Auf dem Boot, seinem Terrain, hatte er den kürzeren gezogen. Zum einen war der große Segelschiffskapitän, der es sich nicht gestatten konnte, vor dem Sturm zu passen, ganz unheroisch über Bord gegangen, zum anderen ist es ihm nicht gelungen, Helmut, von dem er sich die Rettung erhofft hat (143), für sich einzuspannen. Zudem muß er erkennen, daß sich Helene seiner „Herrschaft" entzogen und seine Erbärmlichkeit entlarvt hat. Der Kampf der entgegengesetzten Lebensanschauungen geht unentschieden aus. Wie es das Motto (7) angekündigt hat, hat keiner den anderen überzeugt. Das Ende bleibt offen.

Aber der Leser überschaut zum Schluß beide Lebens- oder Überlebensstrategien, kann sie vergleichen und bewerten. Zu Beginn scheinen die Chancen ungleich verteilt. Helmut überfällt das Gefühl des Alterns, Klaus demonstriert Jugendlichkeit; lebensuntüchtig und unsportlich erscheint der eine, der andere vital und sportlich. Während Helmut sich sexuell nicht wettbewerbsfähig fühlt, demonstriert Klaus Buch Virilität, beherrscht die Natur, im Gegensatz zu Helmut. Buch, der erfolgreiche Autor und Jet-Setter, dem Arbeit lästig geworden ist – „noch ein Mietshaus, dann geht es auf die Bahamas" (48) –, scheint auch in dieser Hinsicht seinem Antagonisten Halm, dem in der Routine gefangenen Kleinbürger, überlegen. Helmut, der Antiheld, reagiert auf seine

Niederlagen in altbewährter Manier mit Introversion, mit Flucht in seine sensiblen Stimmungen.

Auch auf der Flucht nach innen gilt sein Grundsatz: „Nur durch Zustimmung kommst du weg." (87) So wird Unsportlichkeit bei ihm zur „blutigen Trägheit" (70), das ihm unangenehme Gefühl des Alterns, der Lebensuntüchtigkeit zum bewußten Auskosten des Gefühls der Abgestorbenheit: „eine schwere schwitzende Leiche" (70). Auf mögliches sexuelles Versagen reagiert er mit Verweigerung des Beischlafes, auf seine Niederlagen in der Natur mit dem Rückzug nach innen und auf die Angriffe auf seine Kleinbürgerexistenz mit Übererfüllung der Kleinbürgerrolle. Diese spielt er ganz bewußt, ob in der Schule oder im Urlaub. Auch nach außen gilt: „Nur durch Zustimmung kommst du weg." Aber er setzt dieses Rollenspiel bewußt als Rückendeckung seines Rückzugs ein. Es ist nicht Selbstzweck.

Klaus dagegen identifiziert sich mit seiner „Schein-Produktion". Obwohl ihn zuweilen das Gefühl überfällt, daß alles „Schwindel" sei (45 f., 85, 136), verharrt er doch in seinem Selbstbetrug. Er möchte das Genie bleiben, das er sich vorspielt, auch wenn ihm – wie auf dem Sportplatz (62) – bewiesen wird, daß er die Leistungen nicht erbracht hat. Seine Lebensstrategie heißt Extroversion, Flucht nach vorne, in die von ihm aufgebaute „Schein-Welt". Die Brüchigkeit dieser Strategie wird dem Leser nach und nach durch Buchs Verhalten und durch die Anspielungen Helenes enttarnt, schließlich ganz in Helenes Monolog aufgedeckt. Während Klaus, noch Optimismus demonstrierend, verkündete: „Uns will das Leben" (112), muß Helene zugeben, daß er nicht viel vom Leben gehabt habe, daß es eine einzige Schinderei gewesen sei (136). Keine Spur von Unabhängigkeit (49), Jet-set und Mietshäusern, man lebt in einem ehemaligen Hühnerstall, die Arbeit fällt ihm schwer, und er spürt die Abhängigkeit von seinen Arbeitgebern (138 ff.). Seine Erfolglosigkeit im Beruf und seine Angst vor Verdummung tarnt er mit der Rolle des erfolgreichen und brillanten Journalisten, der auch in Formulierungswettbewerben siegt.

Beide Männer versuchen auf verschiedene Weise, ihre Identität[41] zu wahren. Buch versucht dies, indem er sich bemüht, die vermutlich an ihn gerichteten Verhaltenserwartungen überzuerfüllen. Halm erfüllt dagegen diese Erwartungen nur partiell in seinen Rollen. Er spielt die Rollen, nimmt sie aber nicht ernst und sieht auch nicht, daß die Übernahme von Rollen auch einen Teil seiner Identität ausmacht. Das Gefühl der Identität gewinnt er eigentlich nur aus der diebischen Freude, daß er seine „wirkliche Person" (13) nicht zu erkennen gibt: „So etwas wie Lebensfreude entwickelte sich bei ihm wirklich nur aus dem Erlebnis des Unterschieds zwischen innen und außen." (80) Wie gefährdet diese „Rumpelstilzchen-Strategie" ist, zeigt schon seine ständige Angst, erkannt zu werden. Gegen diese Angst, gegen Verletzungen jeglicher Art hat er „Notmaßnahmen trainiert" (81), eine Art „Abwehrmanagement" zur inneren Stabilisierung. Klaus Buch dagegen erträgt seine Niederlagen mit Hilfe von Bewältigungsstrategien, die auf die Manipulation der externen Realität abzielen. Segeln, Laufen, Pferde einfangen usw., das sind Ersatzhandlungen, mit denen er sich suggeriert, das Leben im Griff zu haben, seine beruflichen Probleme jedoch geht er nicht an.

Bei aller Sympathie für die Figuren sind beide Lebensstrategien sehr fragwürdig. Um sich zu schützen, verleugnet Halm eigene Wünsche (35), greift er zur Verstellung, selbst zur Lüge (20, 35, 36). „Täuschung, war das nicht die Essenz alles Gebotenen?" (70) Auch gegenüber seinen Schülern vertritt er Meinungen, hinter denen er nicht steht (68 f.). Die negative Seite seines introvertierten Hedonismus, seiner Selbstgenügsamkeit, ist die Gefühlskälte, die mangelnde Wärme durch das Fehlen menschlichen Kontakts. Das Motiv des Frierens durchzieht die ganze Novelle. Ebenso fragwürdig ist die Strategie Buchs. Selbstbetrug und die Irrealität seiner Fluchtziele sind spätestens im 9. Kapitel offenkundig, ebenso wie sein „Egoismus (...), den man eine Geisteskrankheit nennen sollte." (141) Weil er das Leben als Kampf auffaßt, braucht er Sieger und Besiegte, um sich zu beweisen, daß er der Größte ist. Beide fliehen vor der Wirklichkeit.

Der Antagonismus der männlichen Hauptfiguren hat auch eine philosophische Dimension, da die Kontrafiguration durch Hinweise im Text in Beziehung zu Nietzsche und Kierkegaard gesetzt wird: Klaus Buch hat seine Bewunderung für den jugendlichen Nietzsche-Leser Halm bewahrt (11, 23, 25, 109). In einem Tagtraum Halms sind hingegen Buch und Nietzsche aufeinander bezogen: Helmut kommt es vor, als „führe (er) an seiner rechten Hand einen Menschen von der Größe eines siebenjährigen Kindes und dieser Mensch sei Friedrich Nietzsche, aber in seinem 40. Lebensjahr, aber reduziert auf die Maße eines Siebenjährigen. Und er hatte entsetzliche Angst vor Otto gehabt." (124) Halm hat Nietzsche „kleingekriegt"[42], er hat ihn hinter sich gelassen. Nun liest er Kierkegaard, dessen Tagebücher (10, 11, 21, 128, 147). Kierkegaard ist der „Innenwelt" zugeordnet. Im Gegensatz zum *Zarathustra* eignet er sich nicht als Strandlektüre (11), obwohl Halm diese Einsicht am letzten Tag mit seinen Leseversuchen zu durchbrechen versucht. Aber auch über die direkten Anspielungen hinaus zeigen die Äußerungen und Gedanken der Hauptpersonen Anklänge an Ideen der jeweiligen Philosophie.

Im Sturm muß dem belesenen Halm Klaus Buch als die entfesselte, wahnsinnige, blonde Bestie Nietzsches vorkommen,[43] die in dionysischer Ekstase zum Untergang bereit ist (114, 117, 118). „Wo ist der Wahnsinn, mit dem ihr geimpft werden müßtet? Seht, ich lehre euch den Übermenschen: der ist dieser Blitz, der ist dieser Wahnsinn!" (Z. 10) Buchs Größenphantasien (112), die Anbetung seiner selbst (109) erinnern doch sehr an die Proklamation des Übermenschen, dessen Heimat, die „glückseligen Inseln" (Z. 105 ff.), findet sich in Buchs Fluchtphantasie wieder. Er wirbt für seine Auffassung vom Leben und Lebendigen (107 f.): das Leben ist Kampf (112), ein langes Leben bedeutet Erfolg und Sieg (100). Buch wendet sich gegen Halm, den „Verächter des Leibes" (Z. 35 ff.), den „lesenden Müßiggänger" (Z. 44), den „Prediger des Todes" (Z. 51 ff.), und er kämpft gegen Halms „Geist der Schwere" (Z. 45) und seine „dicke Schwermut" (Z. 52) an. Buch bedroht mit seiner Nietzsche-Lebensphilosophie, mit dem Ideal des moral- und geistfreien Übermenschen, mit der Propagierung des Biologismus seinen „Freund" Halm. Denn: „Kannst du an deinen Freund nicht herantreten, ohne ihm überzutreten. In seinem Freunde soll man den besten Feind haben." (Z. 67) In diesem kurzen Abschnitt sind nur einige parallele Formulierungen und Denkfiguren aufgenommen. Sie sollen auf die entsprechenden Abschnitte im *Zarathustra* verweisen. Walser scheint mit diesem philosophischen Hintergrund zu spielen: Buch nimmt Nietzsches Wagner-Kritik wieder auf (48), und Halm kehrt voller Ironie – Buchs Verhalten vorwegnehmend – den oben zitierten Satz um: „Sogenannte Feinde sogenannten Freunden vorziehen, das möchte ich lernen." (36)

Wie oben festgestellt wurde, hat der Kierkegaard-Leser Halm Nietzsche hinter sich gelassen: „Als er zwanzig war, hatte sich bei ihm allmählich eine Empfindung gebildet, die hieß: du wirst nicht wahnsinnig werden, niemals." (83) Aber was setzt Halm gegen die Lebensphilosophie Buchs? „Ethizismus contra Ästhetizismus wäre ein mögliches Begriffspaar für Halm und Buch,"[44] schlägt Weber vor, ebenso Knorr, der herausstellt, daß der Ästhetiker Buch den Ethiker Halm als Komplement zu seinem reflexionslosen Dasein brauche.[45] Beide gehen von dem Motto der Novelle aus Kierkegaards Schrift *Entweder/Oder* aus. Die dort entgegengesetzten Lebensanschauungen sind die des Ästhetikers „A" und des Ethikers „B". Beide Figuren der Novelle werden der Kierkegaardschen Stadiendialektik, die die ästhetische, die ethische und die religiöse Lebensform umfaßt, eingeordnet.[46] Kierkegaard bezeichnet das ästhetische Stadium als eine Form der Verzweiflung. „Nichts anderes aber haben wir in Nietzsches positivem Lebensideal zu erblicken als eine Form des ästhetischen Daseins."[47] Im Sinne Kierkegaards ließe sich Buch also als Ästhetiker bezeichnen.

„Er wußte überhaupt nicht, was Kierkegaard in seinen Tagebüchern notiert hatte. Unvorstellbar, daß Kierkegaard etwas Privates notiert haben konnte." (11) Diese Feststellung verweist auch auf Halm selbst. Halm und Kierkegaard sind sich darin ähnlich, daß ihnen eine direkte Mitteilung kaum möglich ist. Kierkegaard fordert zwar von sich als Schriftsteller, daß er etwas von seiner Persönlichkeit gebe, das Feingefühl gebiete es jedoch, „daß er niemals das Wahre sagt, sondern das Wahre für sich behält und es sich auf verschiedene Weise brechen läßt." (*Tagebücher*, S. XIII) Er selbst verbirgt sich in seinen Werken hinter Pseudonymität und Ironie. Auch Halm kann den Offenbarungsbrief, sobald er den Ton der Unmittelbarkeit erreicht hatte (37), nicht mehr abschicken. Die Schwermut, die selbst auferlegte Askese, sein Rückzug aus der zeitgenössischen Welt, die in ihm nur Ekel erregte, und die Ablehnung der Presse,[48] das sind biographische Parallelen, die es Halm möglich machen, sich in Kierkegaard wiederzufinden. Obwohl Halm über das Lesen der ersten Zeilen nicht hinauskommt, wird diese Annahme durch parallele Gedanken und Erlebnisse in den Tagebüchern gestützt: die Notizen in Gilleleie und während des Ausflugs nach Esrom.

Es bleibt jedoch fraglich, ob Halm nach der Stadiendialektik als Ethiker einzuschätzen ist. Einen ersten Hinweis gibt die oben schon zitierte Reflexion Halms über seine Kierkegaard-Lektüre: „Er sehnte sich danach, Kierkegaard näherzukommen. Vielleicht sehnte er sich nur, um enttäuscht werden zu können. Er stellte sich diese tägliche Enttäuschung beim Lesen der Tagebücher Kierkegaards als etwas Genießbares vor." (11) Diese seltsam anmutende Form des Genusses deutet zunächst auf den Ästhetiker hin. Halms Rollenspiel (12 f., 15) ist ebenso vergleichbar mit der Einstellung des Ästhetikers in *Entweder/Oder*, der mit Hilfe der „Maske" sein Versteck zu wahren sucht (*Entweder/Oder* II, 169 f.),[49] er führt eine Doppelexistenz (*Entweder/Oder* II, 186). Auch Halm behauptet von sich, daß er erst lebe, wenn er doppelt lebe (80). Die Schwermut des Ästhetikers macht ihn unfähig, zu handeln, Resignation und Melancholie machen es ihm unmöglich, sich auf die äußere Wirklichkeit einzulassen (*Entweder/Oder*, 21, 191). Während Buch als Ästhetiker mit dem Don Juan aus *Entweder/Oder* zu vergleichen ist, der dem unmittelbaren erotischen Stadium verhaftet bleibt, könnte man Halm mit „Johannes, dem Verführer" (*Entweder/Oder,* 324 ff.) oder dem Ästhetiker „A" vergleichen, der sich hinter diesem Pseudonym verbirgt. Er findet wie Halm nur Genuß in der Reflexion. Dessen Gedankenspiele um Helene, seine Einstellung zur Sexualität können somit auch als Teil eines ästhetischen Gesamtprogramms aufgefaßt werden: „Wollen ja. Tun nein." (68)

„Eine Rettung gibt's sowieso nicht, dachte er (...) Rette den Menschen, dachte er. Rett' ihn doch." (17) Wie so oft in der Novelle, wollen die grundsätzlichen Textstellen nicht so recht in den Kontext passen. An dieser Stelle wird deutlich, daß das ästhetische Dasein eine Form der Verzweiflung ist. Diese entsteht nach Kierkegaard dadurch, daß der Ästhetiker nicht fähig zur Selbstwahl ist, er in der Erinnerung die Kontinuität seiner Biographie nicht herstellen kann, somit dem Augenblick verhaftet bleibt. Halms Erinnerungslosigkeit führt ihn zu dem vernichtenden Urteil, daß er praktisch nicht gelebt habe (28). Ziel der ethischen Wahl ist es jedoch, daß sich das Individuum als eine konkrete Persönlichkeit in Kontinuität erfaßt (*Entweder/Oder*, 279 f.). Buchs Versuche, die Zeit aufzuheben, d. h. die Vergangenheit im Jetzt lebendig zu machen, geraten ihm zum „Puppentheater". Erinnerung hat auch für ihn keine ethische Bedeutung, sie dient nur der Stimmungsmache im Augenblick.

„Die erste Gestalt, welche die Wahl sich gibt, ist eine vollkommene Isolation. Indem ich nämlich mich selbst wähle, sondere ich mich aus meinem Verhältnis zur ganzen Welt, bis daß ich mit dieser Aussonderung ende in der abstrakten Identität." (*Entweder/Oder*, 253 f.) Helmut spricht einmal von dem glücklich erreichten „Versuchszustand" (72). Seine Inkognito- und Rückzugsstrategie ließe sich demnach als Durchgangsstadium deuten. Er möchte weiterkommen. Halm bewegt sich auf die Position des Ethikers „B" zu. Der Rückzug auf das eigene Ich als Basis des ethischen Standpunktes mißlingt jedoch, weil Klaus Buch diesen Rückzug nicht zuläßt. Durch seine Tat hat sich Helmut wieder in das äußere Leben verstrickt und in höchstem Maße unethisch gehandelt. Doch sein Gewissen meldet sich, er ist sich seiner Schuld bewußt, sein Gedächtnis bedient ihn wie noch nie (129). Der Rollentausch ist nur ein kurzes Intermezzo im Sinne der Kierkegaardschen Verzweiflungsanalyse: „Verzweifelt ein anderer sein wollen als man selbst, ein neues Selbst sich wünschen." (*Die Krankheit zum Tode,* 439) Letztlich nimmt Halm doch die Position des Ethikers „B" ein: Die Wiederholung seiner Geschichte auf der Zugfahrt bedeutet die Verknüpfung mit dem Ethisch-Allgemeinen. Er geht ein wirkliches Verhältnis ein, indem er seine Schuld „beichtet" und mit Sabine das ihr schuldige Gespräch führt. Der Ethiker aus *Entweder/Oder* war der Auffassung, daß das Ästhetische mit dem Ethischen in der Ehe zu verbinden sei. Halms Beziehung zu Sabine gibt ihm den Halt in der Wirklichkeit, doch es bleibt – wie bei Kierkegaard – die Unmöglichkeit, alles zu sagen und alles zu glauben (151).

Auch diese kurzen philosophischen Betrachtungen machen die negativen Seiten der Lebensstrategien deutlich. Das Leben der Philosophie Nietzsches, die Reflexions- und Geistesferne, der Rückschritt in eine archaische und naive Welt und die Verbürgerlichung und Übertragung Nietzsches in unsere Zeit werden bei Buch notwendigerweise zur Parodie. Das Leben der Philosophie Kierkegaards bedeutet Abschluß vom äußeren Leben, da die innere Wirklichkeit, das innere Handeln zum eigentlichen Leben erhoben wird. Helmut erkennt seinen Mangel der „Leblosigkeit", deshalb seine Todesvisionen. Der Weg zur Selbstfindung und Selbstverantwortung über die selbstgewählte Isolation führt ihn zudem zu einer höchst unsozialen Haltung. Während Helene Opfer des Größenwahns ihres Mannes ist, wird Sabine Opfer der Lebensstrategie Helmuts. Sie wehren sich mit Kritik und Ironie, die auch auf den philosophischen Hintergrund zu beziehen ist. „Komm, Genie, tapfer gehen wir," (146) ruft Helene ihrem Mann zu, und Sabine berichtet von ihrem Mann: „Er lese immerzu. Es sehe aus wie Studieren. Sie halte es aber eher für Leben. Das heißt, es komme nichts heraus dabei. (...) Auf jeden Fall komme er andauernd weiter, das erlebe sie. Sie auf jeden Fall komme da schon lange nicht mehr mit. (...) Sie empfinde (...) sein Tempo schon manchmal rücksichtslos." (95 f.)

3 Die Frauenfiguren, Kommunikation und Beziehung

3.1 Die Bedeutung der Frauenfiguren

Dies sei ein Männerstück, behauptet eine Rezension von Walsers Novelle: „Die Fluchtbewegung der beiden Schulfreunde machen die Handlung. Die Frauen tragen wenig bei."[50] Eine andere Rezension stellt heraus, daß die Frauen wichtiger seien als die Männer, die Frauen seien die heimlichen Hauptpersonen der Novelle.[51] Die Frage nach der Bedeutung der beiden Frauenfiguren ist damit aufgeworfen. Zum einen läßt sich fragen, welchen Raum, welche Bedeutung Walser seinen Heldinnen einräumt, zum anderen, welche Bedeutung die Frauen für ihre Männer haben, ob sie eine eigene Identität besitzen.

Daß die beiden Teilfragen durchaus nicht identisch sind, läßt sich am leichtesten an Sabine demonstrieren. Der Leser erfährt kaum etwas über ihr Äußeres, nur etwas über Fältchen (10), ein abschüssiges Lächeln, ein Spanielgesicht (17), und daß sie im Trainingsanzug komisch aussieht (131): eine Frau, die mit ihrem Mann gealtert ist. Walser räumt ihr kaum Redezeit ein. Das ist zum Großteil durch die Erzählperspektive bedingt, denn während Sabine die Gespräche aufrechterhält, konzentriert sich Helmut auf seine Gedanken. Deshalb erfährt man auch kaum etwas über Sabine, ihre Gedanken, Wünsche, über ihre Vergangenheit. Aber dennoch – oder vielleicht deshalb – avanciert sie zur „heimlichen Heldin der Novelle" (Heinrichs), die weder resigniert noch aus ihrer Rolle ausbricht. Sie bleibt der Ruhepunkt des Personenquartetts. Ihre Gefühle sind authentisch, echt, ihre Offenheit und Natürlichkeit kontrastieren wohltuend mit dem Doppelspiel Helmuts. Sie läßt ihren Gefühlen freien Lauf, und wenn jemand Hilfe braucht, ist sie zur Stelle (89, 132 ff.).

Helmut bewertet ihr soziales Engagement als Produktion sozialen Scheins (70), er ironisiert ihre Äußerungen (55), tut sie als Formulierungswettbewerbe (41) oder unzutreffende Beiträge (95 f.) ab. Durch die Wagner-Lektüre wird eine Verbindung von Sabine zu Buchs erster Frau Herta hergestellt (48). Klaus Buch richtet auch seine abfällige Beschreibung ausdrücklich an Sabine

(46). Die ironische Distanzierung (49) nützt wenig, Buch hat sie als „Kleinbürgerin" erkannt und schlägt deshalb Helmut eine Trennung vor. Er unterschätzt jedoch die Bedeutung, die Sabine für Helmut hat. Sie bewahrt ihn vor der totalen Isolation, hält den sozialen Kontakt auch mit den Zürns aufrecht (15, 124, 130, 148). Sie ist seine einzige Verbündete, an die er auch in der Stunde der ärgsten Niederlage denkt (121). So ist seine Aussage durchaus ernst zu nehmen: „Ach du. Einziger Mensch. Sabine. (...) Mit deiner Stärke, von der du nichts weißt." (150 f.)

Die scheinbar unselbständige Helene wird als Statussymbol ihres Mannes vorgeführt. Während das Aussehen Sabines kaum beschrieben wird, verdanken wir dem Interesse Helmuts detaillierte Kenntnisse über die Garderobe und die weiblichen Formen Helenes. Er fühlt sich von der attraktiven Frau angezogen und hätte am liebsten nur noch sie angeschaut (47). Sie ist sich ihrer Vorzüge bewußt und setzt sie gezielt ein. Für Helmut ist die „Verliebtheit" nur eine Gedankenspielerei (98 f.), doch Klaus Buch wird eigentlich nur durch Helene seinem von ihm selbst entworfenen Image gerecht: „Vor allem wegen seines Mädchens" (21) wirkt er jung. Das bemerkt Helmut schon beim ersten Zusammentreffen. Buch kann die Jugend und Vitalität eines Zwanzigjährigen nur imitieren; Helene besitzt sie, und deshalb ist sie eine Herausforderung für ihn (108). Aber über das Körperliche hinaus bekommt Helene für Klaus eine existentielle Bedeutung. Die erbettelten Liebesbestätigungen sind nur ein Indiz dafür, wie sehr er die Bestätigung von Helene braucht. Wie Sabine bewahrt auch Helene ihren Mann vor der totalen Isolation. Seine Umgebung hat ihm die Zustimmung entzogen, ihn merken lassen, daß er nicht gebraucht wird (139). „Wir waren ja total isoliert" (140), bekennt Helene. „Es kam mir immer mehr so vor, als müsse ich einen Ertrinkenden über Wasser halten." (140)

Die Frauen sind als komplementäre Figuren auf die Männer bezogen, so daß man weitgehend von „den Buchs" und „den Halms" reden kann. Sie führen kein Eigenleben. Dennoch sind sie nicht so unbedeutend, wie einige Rezensenten es sehen, „kaum mehr als Stichwortgeber (...), Statisten und allenfalls Berichterstatter."[52] Aus dem oben Gesagten geht schon hervor, daß mit ihnen die jeweilige Lebensstrategie der Männer steht und fällt. Sabine ist der letzte Halt Helmuts in der Welt, das Korrektiv seiner weltverachtenden Melancholie. Helene ist der jugendliche Lebensquell ihres Mannes, aber auch die Kronzeugin seiner Lebenslüge. Solange die beiden Frauen „dicht halten", Rückendekkung verleihen, können sich die Männer weiter durchs Leben schwindeln. Die Frauen sind in zunehmendem Maße jedoch nicht mehr bereit dazu. Die Männergeschichten machen somit nicht allein die Handlung aus. Parallel dazu verlaufen zwei Ehegeschichten, damit auch die Geschichten der Frauen. Die eine führt zu Helenes (135–144), die andere zu Helmuts Bekenntnis. So wäre es auch möglich, zwei Handlungskurven der Ehegeschichten zu zeichnen, die fast parallel zu der oben entworfenen verlaufen.

3.2
Befreiung oder Unterordnung?

In dem Männergespräch auf dem Boot reflektiert Klaus Buch auch das Verhältnis zu seiner Frau: „Ich mache ihr etwas vor. Ich halte sie kleiner als sie ist. Ich verführe sie zu Tätigkeiten, denen sie nicht gewachsen ist." (109) Gerade weil Klaus Buch Helene braucht, unterdrückt er sie, um sich ihrer zu versichern. Sein Bild von seiner Frau reduziert sich dabei auf das eines Kampf- (21, 108) und Verführungsobjekts (114). Er hat sie nach Helenes Aussage dazu gebracht, ihren Beruf als Musikerin aufzugeben, hat sie auf den „falschen Dampfer gezwungen" (138), „auf seine Interessen dressiert" (141; 44, 101). Weil nun beide von dem „Umweltzeug" leben, müssen sie entsprechend leben. Gesundheits-, Sport- und Natureuphorismus sind die Folge. Helene macht das alles mit. Sie teilt nicht nur die Lebensgewohnheiten ihres Mannes, sondern versucht ebenso wie er, die Halms zu einer natürlichen Lebensweise zu bekehren (30f.). Ihre Reaktion auf die Swedenborg-Anekdote zeigt schon, daß sie die journalistische Verwertungsmentalität ihres Mannes internalisiert hat (32f.). In Diskussionen stimmt sie mit ein in die Beiträge von Klaus Buch, schimpft über Dürreprämien (86), spielt Erotik gegen Arbeit aus (97) und präsentiert zur Stützung seiner Lebensphilosophie eine rüstige Mutter (99). Helene hat keine eigene Sprache; sie übernimmt die Floskeln ihres Mannes. Während Klaus segeln geht, unternimmt sie willig ihre Dorftour, damit sie ihr Buch zusammenbekommt.

In der Ehe mit Klaus verliert sie mit dem Verlust ihrer Vergangenheit, ihrer beruflichen und privaten Interessen auch ihre eigene Identität. „(I)ch habe nicht leben dürfen, das hat er nicht gestattet“ (140), lautet ihr vernichtendes Urteil. Sie fühlt sich zerschmettert, zerstört, Schwermut überfällt sie (144). Das sind die Folgen der Dressur und Unterjochung durch den dominierenden Klaus Buch und seiner Lebensstrategie: „Noch ein Jahr, dann wäre es wahrscheinlich vorbei gewesen mit mir. Dann hätte ich es auch für immer ausgehalten.“ (141)

Auch Sabine teilt die Lebensgewohnheiten ihres Mannes. Doch anders als bei der noch jungen Ehe Helenes hat sich Sabines Verhältnis zu Helmut mit den Jahren eingespielt. „Sie haben auf einander gewirkt“ (17) und sind sich ähnlich geworden bis zur Angleichung der Gesichtszüge. Doch Sabine ist keineswegs mit ihrer Situation zufrieden. Die kleinen Auseinandersetzungen zeugen davon (12 f.). Auch Helmut registriert aufmerksam ihre Reaktionen: Die Begegnung mit den Buchs tut Sabine offenbar gut. Sie beklagt sich bei ihnen über den Trott, in den ihr Leben mit Helmut geraten ist (23). Das Wortspiel mit der Lektüre („Masoch“, 43) deutet darauf hin, daß sie sich offensichtlich als Opfer oder Erleidende der Beziehung empfindet. Helmuts Verhalten nach seiner Tat gibt dem Leser einen kleinen Einblick: Als Sabine im Bett zu weinen beginnt, schreit er sie an (128). Am folgenden Tag ist sie gezwungen, seinen plötzlichen Entscheidungen zu folgen. Als er zur Abreise drängt, ist „sein Ton (...) wieder genauso fest und dringlich geworden wie der, mit dem er die sportliche Ausrüstung erzwungen hatte“ (148). Sein Ton wird erpresserisch, die Aufforderung zum Ultimatum. Mag seine panische Reaktion auf die Ereignisse zunächst verständlich sein, so ist sie doch Indiz für Helmuts Rolle in der Beziehung. Beim ersten Lesen bleibt jedoch unklar, ob Sabine mit dem Leben, wie es Helmut anstrebt, einverstanden ist oder nicht, oder ob es sich um Helmuts Fehldeutungen handelt. So nimmt er an, daß Sabine nur so tue, als beklage sie sich bei Klaus Buch, und vermutet, daß die weitgehende Praktizierung seiner Lebensstrategie „nicht ganz ohne ihre Zustimmung erreicht worden (sei)“ (72). Doch wie bei Helene ist auch an Sabine die Ehesituation nicht ganz spurlos vorübergegangen. Sie will – ebenso wie Helene – einmal auspakken, eine Rede halten (148). Helmuts Methode, durch Ausstoßen von Schreien mit seinen Niederlagen fertig zu werden, greift sie in höchstem Maße an. „(D)ann könne sie nicht mehr leben. Diese Töne seien furchtbar" (122), äußert sie einmal. Sabine fühlt sich einsam, allein gelassen, auch von Helmut, dem „Separatisten" (18). Davon zeugt auch ihr Traum, von dem sie am letzten Tag berichtet. Sie habe eine Zahl wissen müssen, die durch keine andere mehr teilbar ist. Keiner habe ihr geholfen, auch Helmut nicht (149f.). Die unteilbare Zahl könnte hier als Chiffre für die Identität gedeutet werden.

Verweigerung, Rückzug und Zustimmung auf der einen, Verführung und Forderung auf der anderen Seite sind die Mechanismen, die die Frauen zur Identifikation mit den jeweiligen Lebensstrategien der Männer bewegen sollen. Buchs Forderung nach Liebesbestätigung und Halms Liebeserklärungen können als Teil dieser Mechanismen gedeutet werden. Bei Helene mehr, bei Sabine weniger, führt die Beziehung zur Deformation der Identität. Aber läßt sich nun aus der Darstellung der beiden Ehesituationen und ihren Folgen ableiten, daß die Frauen sich als Anhängsel ihrer Männer begreifen und sich unter Preisgabe ihrer Identität auf Unterordnung eingestellt haben? Es gibt Hinweise darauf, daß sie sich aus ihrer Situation befreien wollen.

Zuerst fällt auf, daß sich Helene über die Hundephobie ihres Mannes hinwegsetzt. Sie macht sich sogar über seine Animosität lustig und setzt vereint mit Helmut am Montagabend (59) und vor der Wanderung (76) durch, daß Otto mitkommt. Offen gibt sie auf dem Boot zu, daß sie die „Naturkundebücher" nur auf Drängen ihres Mannes schreibt (44) und entlarvt sogar dessen Publikationen als „Riesenschwindel" (46). Klaus Buch reagiert darauf gereizt. Nach der spitzen Bemerkung, ob Helmut vielleicht auch ein Sadist sei, beobachtet Helmut den Blickwechsel des Paares (54). Ebenso sensibel – vielleicht mit Schadenfreude – registriert er die Dissonanzen zwischen Helene und Klaus am gleichen Abend. Er glaubt zu bemerken, „daß Hel sich gern ein bißchen lustig gemacht hätte über den Körpergesundheitsdienst ihres Mannes." (61) So offenbart sie prompt, daß Klaus sich in den letzten Tagen eine sportliche Spitzenleistung vorgeschwindelt hat. Sie greift hier direkt seinen Geniekult an, unter dem sie zu leiden hat (62). Offenbar scheint sie auch mit der Parodie seines Mutterdialekts eine verwundbare Stelle bei Klaus treffen zu wollen. Mit der Anspielung auf seine Herkunft und die nun erzwungene Bodenständigkeit – man konnte sich ja keinen aufwendigen Urlaub leisten – untergräbt sie sein Image des Mannes von Welt (63). Schon hier taucht das Klavierspiel als Motiv auf, das Relikt der eigenständigen Identität Helenes. So muß ihr Klavierspiel am folgenden Tag im Ausflugslokal als bewußter Befreiungsversuch gedeutet werden. Später wird sie den Halms erzählen, daß Klaus sie vor die Alternative gestellt habe, entweder er oder die Musik (141). Sie wehrt sich gegen diese Alternative, und Buch kann darauf nur mit Flucht reagieren. Helene geht „mit fast zu festen Schritten und ohne den Blick von Klaus zu lassen" (81) auf diesen zu und holt ihn wieder ins Lokal. Das Dominanzverhältnis scheint sich in diesem Moment umgekehrt zu haben, obwohl sich Buch durch seine „Heldentat" auf dem Rückweg noch einmal ihre Bewunderung sichern kann. Am Abend formuliert sie offen ihre Kritik an der sexuellen Protzerei ihres Mannes und stellt damit einen wesentlichen Teil seiner Lebensstrategie in Frage (98). Es zeigt sich also, daß Helene sich schon im Beisein ihres Mannes, durch offene oder versteckte Kritik dem verplanten Leben zu entziehen sucht. Weil sie nicht mehr bereit ist, den Lebensschwindel ihres Mannes zu decken, bekommen die Halms (und der Leser) schon erste Hinweise auf die Fragwürdigkeit der Lebensstrategie Klaus Buchs und seines vorgespielten Selbstbildes.

Ganz und gar offenbart sich Helene jedoch erst, als Klaus nach dem Zwischenfall auf dem See verschwunden bleibt. Sie löst sich im Beisein der Halms von den Lebensgewohnheiten ihres Mannes, „wie jemand, der sich von etwas ernsthaft überzeugt." (133): Die verschlissene Kleidung, Calvados trinken und das Klavierspiel, das sind Attribute und Tätigkeiten ihres ersten, glücklichen Lebens in Montpellier. Ihre Befreiung, ihre Abrechnung mit Klaus und ihrer Ehe gipfeln dann in der feministischen Parole: „Überhaupt Frauen, mmm! Also es gibt Frauen, die haben einen Reichtum. Da kannst du jeden Mann vergessen. Was ist der Mann, Sabine? Gibt an wie der Rotz am Ärmel, gut." (142)

Auch im Verhalten von Sabine gibt es Anzeichen, daß sie sich nicht mit ihrer Lebenssituation zufrieden gibt. Gegen den Widerstand Helmuts genießt sie das Leutebetrachten an der Strandpromenade. Sie braucht die Nähe zu anderen, das Geschäftige. Sie macht den Rückzug ihres Mannes nicht mit, seine Pläne von exklusiver Zweisamkeit.[53] Die Bewunderung für Klaus Buch auf der Wanderung, die Bewunderung für seine „Heldentat" ist auch als eine Form der Unzufriedenheit mit Helmut zu werten. „Woher weißt denn du das?", fährt sie ihren Mann an, als dieser Buchs Theorie, wie man am besten ein Pferd einfangen könne, überschwenglich zustimmt. Sie traut ihm offenbar eine ähnliche Tat nicht zu (91). In den gleichen Kontext ist ihre schon angesprochene Ironisierung der Lektüre und der Schreibversuche Helmuts zu stellen (95). Angesichts der publizierfreudigen Buchs erscheint ihr der „nur" aufnehmende Helmut besonders passiv und unproduktiv. Helmut erkennt in dieser Situation auch, daß das Lob nur scheinbar ist, die Äußerungen Sabines nur „Repräsentationsprodukte" sind: „Es drückte sich darin ein Bedürfnis aus, keine Realität. Sie wollte etwas Beeindruckendes über ihren Mann sagen. Vielleicht wollte sie ihm etwas mitteilen." (97) Ebenso wie Helene äußert Sabine offene Kritik erst unter Alkoholeinfluß. Montagnacht hatte sie Helmut mit der Ankündigung provoziert, daß sie Klaus Buch fragen wolle, ob er mit ihr schlafen wolle, wenn sich Helmut weiter sexuell verweigere (73). Am dritten Abend offenbart sie dann, daß sie Angst habe, sich in Klaus zu verlieben (103). Auch diese Aussagen könnte Helmut als eine Botschaft verstehen, mit der Sabine ihre Unzufriedenheit und ihr Aufbegehren gegen die eingefahrene Situation deutlich machen will. Ebenso hält sie damit die Wunde seiner sexuellen Passivität und mangelnden Vitalität offen. An diesem dritten Abend beschimpft sie ihn (104).

Beide Ehekonflikte forcieren sich mit der Begegnung der beiden Paare, weil die Frauen dabei das jeweilige Gegenbild ihrer Männer kennenlernen und ihre Situation reflektieren. Sie begehren auf, ihre Kritik wird von Tag zu Tag offener. Aber ordnen sie sich nicht doch zum Schluß unter, indem sie ihren Männern folgen? Auch wenn Helene Klaus Buch nach dessen plötzlichem Auftauchen folgt, heißt das nicht, daß sie sich fortan wieder unterordnen wird. Sie spielt zu Ende, als er sie zum Mitkommen auffordert, und ironisiert seine Genieideologie (146). Sie hat mit ihrer Rede und ihrem Verhalten – auch für Klaus erkennbar – seine Lebenslüge durchbrochen und kann fortan nicht mehr so tun, als hätte sie Halms und sich das alles nicht eingestanden. Ebenso deutet die „emanzipatorische Formel" (142) auf ein neugewonnenes Selbstbewußtsein Helenes hin. Auch Sabine folgt ihrem Mann nach dessen ultimativer Aufforderung. Doch auch sie hat eine neue Position gewonnen. Signalisiert wird das veränderte Verhältnis durch die Wahl des neuen Reiseziels. Nicht Meran, der Ort der ersten Bezähmung und des Sieges der Männlichkeit, soll es sein (90), sondern Sabine setzt Montpellier durch (149), wo Helene ihre glückliche Zeit hatte. Es kommt zwar nicht zu ihrer Rede, die sie ebenso wie Helene halten will, aber sie zwingt Helmut zu seiner Rede. Die neu gewonnene Offenheit könnte einen neuen Anfang bedeuten. Wie keiner der Männer den anderen mit seiner Lebensstrategie überzeugt hat, so bleiben auch die Geschichten der Frauen grundsätzlich offen. Walser bietet für die Identitätsproblematik der Frauen keine Patentlösung an. Eine gewisse Richtung scheint sich jedoch durch die neugewonnene Kommunikationssituation zum Schluß der Novelle anzudeuten. Darauf soll im nächsten Kapitel näher eingegangen werden.

3.3 Kommunikation und Beziehung

Der in diesem Kapitel zu Grunde gelegte Begriff der Kommunikation ist sehr weit gefaßt und schließt Mimik, Gestik und Berührungen mit ein. So soll zunächst untersucht werden, wie die Personen durch körperlichen Kontakt miteinander umgehen und inwieweit menschliche Nähe und Wärme mit diesen Kontaktaufnahmen offenbar werden. Im folgenden sollen auch mit Hilfe der Begrifflichkeit Watzlawicks einige ausgewählte Kommunikationssituationen analysiert werden, die Einblick in die jeweiligen Beziehungen geben. Im Zusammenhang mit der Interpretation des Schlusses ist auch das Motiv der Lüge und des Schwindels zu betrachten, die eine offene Kommunikation zerstören.

Walsers Vorliebe für das Detail hat zuweilen den Effekt, daß sich Dinge verselbständigen, eine eigene Rolle übernehmen. In der Novelle sind es vor allem Körperteile, Münder, die ein Eigenleben bekommen, Küsse verteilen, sich anspannen oder entspannen, Hände, die agieren, suchen, abwehren, schützen oder, zur Faust geballt, Boxhiebe verteilen. Für den Erzähler rücken diese Details dann in den Mittelpunkt des Interesses, wenn sich die Personen über Gesten und Berührungen mitteilen. Manchmal ist jedoch ein Verhalten – auch im Kontext der Situation – nicht genau zu interpretieren. So kann beispielsweise ein spielerisches Boxen (35, 54, 56) sowohl auf eine versteckte Aggression hindeuten als auch als Verlegenheitsgeste aufgefaßt werden, die eine längere Berührung ersetzt. Bezeichnenderweise ist immer Helmut das Opfer der „Prügeleien", während er selbst – auch als er Klaus aus dem Boot befördert – die anderen Personen kaum berührt. Er kann körperliche Nähe nicht ertragen. Er ekelt sich, wenn ihn kleine Kinder mit „pappigen Fingern" berühren (19). Als sich Sabine an ihn schmiegt, kann er die Umarmung nur mit Mühe erwidern (126). Wenn Sabine durch Gesten Nähe fordert, entzieht er ihr seine Hand (18, 65, 72). „Kaum dachte er an sie, wollte sie berühren, fiel ihm etwas Verhinderndes ein." (67 f.) Während in Helmuts Gesten sein Rückzug augenscheinlich wird, läßt sich an Sabines Verhalten sehen, daß sie diesen Rückzug verhindern will. Sie hakt sich ein (102) und läßt ihn nicht aus ihrem Griff (103). Mit ihrer Hand sucht sie seine Nähe und teilt ihm damit auch mit, daß sie seine Nähe und die Zweisamkeit braucht (18, 71). „Er wollte ihr ein Zeichen geben. Deshalb schob er seine Hand vorsichtig zu ihr hinüber und ließ sie in der Nähe ihrer Schulter liegen." (68) Auch für Helmut sind Gesten eine leichter zu handhabende Ersatzsprache. Sie ersetzen eine direkte Frage (68) oder eine Bitte (10). Er setzt Zärtlichkeiten bei Sabine ein, wenn er sie beruhigen (73) oder „belohnen" möchte (104, 149) oder um sich für etwas zu entschuldigen (58, 150). In all diesen Situationen fällt es ihm leichter, etwas durch eine Geste mitzuteilen, als es direkt zu äußern. Aber es ist nur Sabine, mit der er überhaupt auf diese Weise kommuniziert.

Klaus Buch versucht zwar, durch Berührungen mit Helmut Kontakt aufzunehmen, aber Helmut erwidert diese nicht: „Klaus ließ zur Begrüßung seine Hand ein bißchen zu lange auf Helmuts Schulter liegen. Helmut bedauerte, daß er das anders empfand als dieser Klaus Buch." (105) Helmut spürt den Mangel der Kontaktunfähigkeit. Aus Buchs Gesten läßt sich dagegen schließen, daß er die Nähe seines ehemaligen Schulfreundes sucht. Helenes Offenbarung, daß Klaus geglaubt habe, mit Hilfe Helmuts gesund werden zu können, ist schon durch seine Gestik vorweggenommen. „Jetzt hilf mir doch, Helmut, bitte" (63), fordert er seinen Freund auf, ihm doch den vergessenen Spruch des Physiklehrers zu sagen. Als dieser ihm dann den (einen) Spruch sagen kann, fällt er ihm um den Hals und bedankt sich überschwenglich. Auf Helmuts Rückzugsversuche reagiert er jedoch aggressiv und boxt ihn halb ernst (56).

Betrachtet man den Umgang der Halms miteinander, so kann man nicht auf körperliche Nähe und Vertrautheit schließen. Aber auch das Verhalten der Buchs läßt eine natürliche Nähe vermissen. Nach seinem Siegesritt legt Klaus zwar seinen Arm um Helene (90), dies wirkt jedoch in dem Moment, in dem er sich als der Stärkere fühlen muß, eher als einnehmende Geste. Ansonsten ringt er mit der stereotypen Formel „Du magst mich nicht mehr, gell?" Helene die Küsse ab, die er als Liebesbeweis braucht (47, 61, 64, 91, 98). Dabei verliert die Zärtlichkeitsgeste ihre ursprüngliche Bedeutung und wird zum Mechanismus, zum Ritual. Wie sehr Klaus Buch seine Frau braucht, wird auch in einer anderen Geste deutlich. Sie schützt ihn, indem sie ihn in den Arm nimmt (62). Wenig später streichelt sie Klaus nach Ansicht von Helmut „übertrieben mütterlich" (63). Diese wenigen Gesten täuschen jedoch darüber hinweg, daß sich auch die Buchs im Umgang miteinander keine Nähe und menschliche Wärme geben. Das die ganze Novelle durchziehende Motiv der Wärme und Kälte stützt diese Annahme. Helene vermißt die Wärme in ihrer Ehe (143, 146), und auch bei Helmut hat das Kältegefühl (41, 47, 55, 71, 93, 126f.) meist keine äußeren, physikalischen Gründe. Wortspielerisch könnte man sagen, daß er sich zwar isoliert, aber in seiner Isolation keine Wärme gewinnt.

Die Gespräche scheinen zunächst ziemlich unwichtig. Man unterhält sich über das Essen, das Wetter, Pfahlbauten und Dürreprämien. Da die Dialoge oft monoton eingeleitet werden, verstärkt sich noch der Eindruck einer belanglosen und monotonen Unterhaltung. Die Inhalte scheinen austauschbar. Bedenkt man jedoch, daß nach Watzlawick jede Äußerung über den inhaltlichen Aspekt hinaus auch einen „Beziehungsaspekt" hat,[54] d.h., daß der Sprecher mit seiner Äußerung bewußt oder – meist – unbewußt auch immer seine Position zum Hörer oder zu anderen Personen definiert, so werden viele Kommunikationssituationen der Novelle bedeutsam. Es geht beispielsweise Klaus Buch nicht in erster Linie um die Pfahlbauten (45) und Dürreprämien (85f.), sondern in den Äußerungen über die nebensächlichen Themen deutet sich sein schlechtes Gewissen über seinen eigenen Lebensschwindel an. Er verurteilt sich selbst, ohne über sich zu sprechen. Darüber hinaus sind es Streitgespräche mit Helmut. Beide sind aber zu wenig informiert, als daß man von einer sachgerechten Diskussion sprechen könnte. Helmut räumt das sogar ein (45). Es geht beiden vielmehr um den Widerspruch an sich, um die konkurrierende Äußerung. Die Männer tragen den Antagonismus in diesen Gesprächen aus. In diesen Zusammenhang ist auch eine weitere stereotype Kommunikationssituation einzureihen: das Gerangel um die Ehre, zahlen zu dürfen. Weitere Beispiele ließen sich hier anführen, auch der Dialog auf dem Boot.

Aufgrund der Erzählperspektive erlebt man das Ehepaar Buch nie im Dialog. Weitere Erkenntnisse über ihre Beziehung lassen sich nur aus den Vierergesprächen und aus berichteter Kommunikation, d. h. aus den Offenbarungen Helenes gewinnen. Auffällig ist, daß – wie schon angedeutet – Helene zunächst in die Themen mit einstimmt, die ihr Mann anschneidet (31, 42, 44, 82, 84, 86, 97, 99). Teile der Vierergespräche werden somit zu „komplementären Kommunikationssituationen". Helene hat keine eigenen Interessen, also auch keine eigenen Gesprächsthemen mehr. Doch wie schon im letzten Kapitel aufgezeigt, bietet Helene ihrem Mann später in zunehmendem Maße Paroli. Mit Watzlawick könnte man sagen, daß sie versucht eine „symmetrische Kommunikationssituation" durchzusetzen. Besonders signifikant ist eine komplementäre Kommunikationssituation, von der Helene am letzten Tag berichtet: „Ich habe mich für das, was er gemacht hat, noch viel mehr interessieren müssen als er selber. Wie wenn ich seine Tochter gewesen wäre: Was er nicht erreicht hat, das sollte ich erreichen. Ich war sein Stolz. Andererseits war er sauer, wenn jemand etwas gelobt hat, was ich gemacht habe." (140) Klaus treibt Helene mit seinen Forderungen in eine Situation, die man mit der Begrifflichkeit Watzlawicks als „Doppelbindung"[55] beschreiben könnte: Sie soll sich, in Abhängigkeit von ihm und ohne ihn zu übertreffen, das erfüllen, was er nicht erreicht hat. Eine paradoxe Situation, aus der sich Helene allein kaum befreien kann. Verschärft wird diese Situation noch durch die Doppelrolle, die er Helene aufbürdet. Zum einen kümmert sie sich „mütterlich" (63) um Klaus, hält ihn wie einen Ertrinkenden über Wasser, zum anderen verlangt er Folgsamkeit wie von einer Tochter

(140). Die Depressivität Helenes (144) wird auf dem Hintergrund dieser schizophrenen Situation verständlich.

In den Dialogen der Halms scheint Sabine die Situation eher symmetrisch gestalten zu können. Der inhaltliche Aspekt tritt auch in diesen Dialogen deutlich in den Hintergrund. Man hat sich nichts mehr zu sagen. Davon zeugt schon das erste Gespräch im Café über die angebliche Nervosität Helmuts und den viel zu guten Kuchen Sabines (16f.). Der eigentliche Interessengegensatz in dieser Situation, daß Helmut das Ausgehen haßt, aber Sabine nicht darauf verzichten will, wird nicht zum Thema des Gesprächs, geschweige denn die dahinter stehende Strategie Helmuts. Trotzdem glaubt Helmut, mit Sabine eine Kommunikationsform gefunden zu haben, die die Beziehung in den Mittelpunkt stellt, den inhaltlichen Aspekt dabei jedoch völlig vernachlässigt. Es ist eine Art gedankliches Verstehen, das sich im Laufe der Jahre entwickelt hat. „Sabine, dachte er, hörst du mich?" (73) Diese Form der wortlosen Mitteilung mutet manchmal seltsam an. Es genügt nur ein kurzes Stichwort, um die Vertrautheit herzustellen (17, 87, 150), zumindest glaubt das Helmut. Sabine ist dagegen mit dem Zustand nicht zufrieden, weil das eine Form der Exklusivität ist, die sie mit in die Isolation drängt. So kritisiert sie: „(I)ch frag überhaupt nur noch dich, ich red' nur noch mit dir, ich verlerne alle anderen Sprachen der Welt außer der deinen, so!" (102) Diese Äußerung fällt auf dem Heimweg am dritten Abend. Aber Sabine kann mit Helmut nicht über die gemeinsame Lebensplanung reden, weil dieser glaubt, die Beziehungsebene praktisch wortlos herstellen zu können. Zum Schluß bleibt ihr nur noch der Wutausbruch und die Beschimpfung Helmuts (104). Zwar ist es im Verlauf des Gesprächs andeutungsweise zu einer Aussprache gekommen, doch auch in diesem Moment der Zweisamkeit mußte sich Helmut hinter Wortspielen verstecken. „Es war nicht das Gespräch geworden, das er Sabine schuldig war," (104) muß er zum Schluß bekennen.

Aufgrund der schon angesprochenen Unfähigkeit zur vorbehaltlosen Mitteilung verhindert er mit Rückzug und Schweigen eine offene Kommunikationssituation. Noch mehr wird diese durch die Lüge zerstört, auf die Helmut als Mittel seines Versteckspiels immer wieder zurückgreift (20, 35, 36, 57, 100, 101). Der Wahrheitsbegriff wird relativiert (100). Aber nicht nur die

Lüge, sondern auch das Zulassen von Fehlinterpretationen und Mißverständnissen, gerade auch in der Beziehung zu Sabine (41, 43, 96), zerstören ein echtes Verständnis. Die Unlogik dieser Haltung tritt besonders in dem Brief an Klaus zutage: Er befürchtet, daß ein Mißverständnis zwischen Klaus und ihm entstehen könne, da Klaus glaubt, die Freundschaft wieder beleben zu können. Wenige Zeilen später offenbart er seine Haltung, daß er lernen möchte, dem Mißverständnis zuzustimmen (36). Die Fehleinschätzung durch Klaus Buch auf dem Boot (8. Kap.) ist die konsequente Folge dieser Haltung. Aber daß man bei aller Extroversion auch bei Buch nicht von einer vorbehaltlosen Mitteilung sprechen kann, zeigt schon, daß ihm das Motiv des Schwindels zugeordnet ist (45 f., 85, 136). Er schwindelt nicht nur seiner mittelbaren Umwelt, sondern auch Helene etwas vor (109). Auch das zerstört die Kommunikation: „Man hat praktisch nicht mehr reden können mit ihm," (140) sagt später Helene.

Der Schluß der Novelle verändert die hier beschriebenen Kommunikationsverhältnisse zum Teil. Was die Buchs betrifft, bleibt es fraglich, ob sie zur „Metakommunikation", d. h. zur Verständigung über die Kommunikationen selbst, fähig sind, die so wichtig für Helene wäre, weil sie nur so aus ihrer Doppelbindung herauskommt. Die Erzählperspektive muß das Ende offenlassen, denn eine Aussprache im Beisein der Halms würde nach dem Vorgefallenen in höchstem Maße unwahrscheinlich wirken. Wenn, dann wird sie wahrscheinlich Helene herbeiführen, denn Klaus verläßt wortlos das Feld. Die Halms erreichen mit Helmuts „Beichte" eine neue, offene Verständigungsebene, da Helmut (als Erzähler) nicht nur dem Leser, sondern auch Sabine seine Gedanken, seine Anfeindungen, seine Lebensstrategie offenbart. Sie wird damit für Sabine hinterfragbar. Die neue Situation der Metakommunikation befreit sie von der Position des „Opfers". Dennoch kein Happy-End: Grundsätzlich gelingt es Helmut nicht, das „Kierkegaardsche Mitteilungsproblem" zu überwinden. Die Mitteilung wird nur möglich in der Hoffnung, daß der andere nicht alles glaubt (151). Entsprechend wählt Helmut die Form der mittelbaren Selbstmitteilung, die Erzählung von diesem Helmut und dieser Sabine. Die Selbstmitteilung wird damit auch zur Fiktion, die die Deutungsvielfalt auch für Sabine mit einschließt. Sie braucht nicht zu glauben, und Helmut kann alles erzählen.

4 Midlife-crisis oder Krise der Gesellschaft?

Zu fragen ist in diesem Kapitel, was hinter den vorgeführten Lebensstrategien steht, was die Flucht der Männer auslöst. Rezensenten, Kritiker und Literaturwissenschaftler haben darauf unterschiedliche Antworten gegeben. In Rezensionen wird meist hervorgehoben, daß sich die Personen in der Krise der Lebensmitte befinden. Henrichs lobt die Novelle als ein Buch, „auf dessen 151 Seiten man mehr über die sogenannte Krise der Lebensmitte (und andere Krisen auch) lernen kann als in den fetten Aufklärungsbüchern mit all ihren Statistiken und aufdringlichen Bekenntnissen“[56]. Bei aller Fragwürdigkeit des Begriffes „Midlife-crisis“, das eher populäres Schlagwort als Fachterminus ist, sind doch auffällige Übereinstimmungen zwischen psychologischer Beschreibung der Krise (s. u.) und dem Verhalten der Personen in der Novelle zu konstatieren. Walser hat bewußt das Altern thematisiert (14, 40, 47, 99ff., 106, 133, 140). Klaus spricht zu Helmut von ihrem Alter, in dem eine Frau wie Sabine eine Gefahr für einen Mann werden könne. Er schlägt vor, sie sollten, bevor sie fünfzig sind, „noch einmal vom Stapel laufen“ (110), das hieße für Helmut, sich von der Resignation und von Sabine zu trennen: Lebenshilfe für Helmut, den Klaus auch in der Krise vermutet, eben in der Midlife-crisis. Beide Helden spüren, „daß die Zeit der Jugend unwiderruflich dahingeschwunden ist,“ wie Angermeier (s. S. 10ff. dieser Arbeit) es ausdrückt.

Die Psychologie hat den Begriff „Bilanzkrise“ geprägt,[57] d. h., daß der oder die Mittvierziger(in) an den Punkt kommt, an dem er (sie) Rückschau hält auf das gelebte Leben und sich fragt, wie lange es noch dauern wird, und wie man sich im Altern einrichten wird. Diese Bilanzierung kann krisenhaft verlaufen, zu einem grundsätzlichen Zweifel am Lebenssinn führen und als Identitätskrise empfunden werden. Helmuts Erinnerungsprobleme können als Symptom dieser Bilanzkrise aufgefaßt werden. Sozialer Mißerfolg kann diese Situation noch verschärfen. Normalerweise ist mit dem Erreichen der „reifen Jahre“ die soziale und wirtschaftliche Position gefestigt. Man möchte seinen Status nur konservieren.

Bei Klaus Buch ist auffällig, daß er noch um sein Auskommen kämpfen muß, vielleicht gegen jüngere Konkurrenten. Das Ausbleiben des sozialen Erfolgs hat seine Krise verschärft.

Als wesentlicher Punkt der Midlife-crisis ist hervorzuheben, daß die Partnerschaft in Frage gestellt wird, weil man sich mit den Jahren weniger zu sagen hat, weil man versucht, allen Konflikten aus dem Wege zu gehen und Isolation, Gleichgültigkeit und Resignation Platz greifen. In diesem Fall kann eine zweite Ehe sowohl eine neue Aufgabe als auch Flucht bedeuten.[58] Buchs Trennung von seiner ersten Frau ist als panische Reaktion auf das stärker empfundene Altern aufzufassen, denn er befindet sich auch in seiner zweiten Ehe auf der Flucht. Helmut dagegen will sich nicht von Sabine trennen. Er reagiert resignativ auf die sich ihm darbietende Situation, möchte aber auch – und das ist positiv – auf seine Art die Beziehung zu Sabine intensivieren.

„Ein Symptom ist auch, daß die Betroffenen sich in ihrer Körperlichkeit nicht akzeptieren."[59] Helmut fühlt sich zwar unwohl mit seinem runden Bauch und seinem runden Rücken, aber er fügt sich drein: Gut, man zeigt sich nicht und bleibt zu Hause, noch besser, man lebt seine Negativität aus. Nach dieser Devise handelt Helmut. Als wenn er einen Ratgeber zur Midlife-crisis (vgl. Angermeier, Mitscherlich a. a. O.) gelesen hätte, versucht Buch, durch gesundes Leben, durch eine jüngere Frau und Sport seine Jugendlichkeit zu konservieren. Er leugnet die Einschränkung seiner körperlichen Leistungsfähigkeit, forciert sie sogar und wird damit zum Prototyp des Krisengeplagten.

„Die Krise ist nicht primär eine Krise der Sexualität, sie spielt aber durchaus eine Rolle."[60] Geht man diesem Hinweis der Fachwissenschaft in der Novelle nach, so stößt man unweigerlich auf die Auseinandersetzung Halms und Buchs mit der Sexualität. Das Nachlassen der Libido beim Mann erzeugt Erwartungsangst und Leistungsdruck, gerade in einer Zeit, in der die Sexualität zum Leistungsnachweis verkommen ist. In den nächtlichen Episoden wird diese Angst bei Helmut offenbar, bei Klaus, als er in der Wirtschaft Helene coram publico eine Leistungsbestätigung abnötigt (98). Er kämpft gegen diese Angst mit Fitneßtraining und übertriebenem Leistungsanspruch an, Helmut dagegen mit Verweigerung. Somit ist die Krise der Lebensmitte auch eine Krise der Männlichkeit. Die Männer reagieren empfindlich auf alles, was ihre Männlichkeit in Frage stellen könnte.[61] Es ist schon darauf hingewiesen worden, daß Waine von hier aus die Tat Helmuts motiviert hat (vgl. S. 35 dieser Arbeit). Interessant ist in diesem Zusammenhang auch ein Hinweis Mitscherlichs, daß die Midlife-crisis in einem engen Zusammenhang mit der Pubertät stehe, daß Ängste des Jugendalters hier wieder hervorbrechen würden.[62] Ganz deutlich wird dies bei Klaus Buch, bei seinen Erzählungen der pubertären sexuellen Erfahrungen (50–52). Damals konnte er körperlich und schulisch bedingte Minderwertigkeitsgefühle mit Gruppenonanie kompensieren. Im reifen Alter überfallen ihn die gleichen Ängste angesichts seiner beruflichen Situation, und ähnlich wie damals versucht er nun, Erotik als Kompensationsmittel einzusetzen (97). Er reagiert also pubertär auf seine Krise der Lebensmitte.

Sowohl bei Helmut als auch bei Klaus gibt es keinen Hinweis auf die von Angermeier angesprochenen „sozialen Lebensaufgaben" in den reifen Jahren. Buchs Vater ist im Altersheim (99), seine Kinder sind bei der ersten Frau (47). Helmut hat seine Kinder sogar – vielleicht zeitweise – aus der Erinnerung gelöscht (49). Man ist und bleibt auf sich selbst bezogen und leidet an seiner Krise. Nach dem, was bis jetzt festgestellt wurde, scheint es sich also um eine psychologische Novelle zu handeln. Aber es bleibt nicht bei der Beschränkung auf die Privatsphäre, bei der scheinbar idyllischen Urlaubssituation. Helmut muß erfahren, daß gerade in den privatesten aller Bereiche, in die Intimsphäre, die Gesellschaft mit hineinspielt (65–70). Das zeigt, daß in dieser Gesellschaft kein wesentlicher Unterschied zwischen öffentlich und privat besteht. „Es ist nur ein gradueller. Die Privatsphäre als Möglichkeit der Realisation von Persönlichkeit oder das, was ein modisches Wort Selbstverwirklichung nennt, ist in Wirklichkeit nicht mehr existent und im Grunde nur noch ein leerer Begriff."[63] Helmut empfindet zwar die gesellschaftlichen Zwänge, den „Schulter- und Gesichtszwang" (38) und die Mechanismen, denen ein Individuum in einer Gemeinschaft zwangsläufig ausgesetzt ist. Er läßt auch leise Kritik vernehmen, wenn er die Unvernünftigkeit der Regeln beklagt (37) oder bemerkt, wie schwer es doch ist, sich vom Herrschaftsbereich des Scheins zu entfernen (69). Aber er glaubt immer noch, durch Scheinproduktion und Rückzug – d. h. sich öffentlich so zu verhalten, wie die Gesellschaft es will, und zu Hause so, wie man es selber will (69) – seine Individualität retten zu können. Gerade die Innerlichkeit aber, mit der er seine Individualität retten will, führt das individuelle Sein selbst ad absurdum. Helmut ist dadurch gezwungen, seine wahren Absichten und Bedürfnisse zu verstecken, ist durch äußere Erfüllung der Norm „der Gesellschaft im höchsten Maße assimiliert und kann niemals Gegenkraft werden."[64]

Kaum anders ergeht es Klaus Buch. Er möchte Individualität bewahren durch Übererfüllung der Norm. Doch die gesellschaftliche Wirklichkeit holt auch ihn ein. In einer Gesellschaft, in der „Naturbeherrschung" für den Lebensunterhalt als „Umweltzeug" vermarktet werden muß, wird ein Segelschiffskapitän und Abenteurer (137) zum lebenden Anachronismus. Die Leistung in der Arbeitswelt zählt, und dort erleidet Buch seine Niederlagen. Dort tut er sich schwer, eckt an und spürt seine Abhängigkeit und Austauschbarkeit. Als Journalist und freier Mitarbeiter ist er höchst abhängig von den Redaktoren und Lektoren (138). Als „Spezialist für Umweltfragen, innerhalb der Ökologie Spezialist für Ernährungsfragen" (42) hilft ihm diese vermeintliche Spezialisierung doch wenig, unentbehrlich zu sein. Dort, wo seine geistigen Produkte als Ware angesehen werden, läßt man ihn merken, daß er nicht gebraucht wird. Der Ernährungsspezialist kann sich mit seinem Beruf kaum selbst ernähren. So bleibt Klaus Buch nur die Flucht in die Phantasie, in Sex und Natur und in die selbstbetrügerische Scheinexistenz.

Helenes Klage über die berufliche Situation ihres Mannes ist zu singulär und zu sehr auch auf die menschlichen Schwächen ihres Mannes abgehoben, als daß sie als explizite allgemeine Gesellschaftskritik verstanden werden könnte. Auch Klaus Buchs Kritik an der politischen und gesellschaftlichen Situation kommt über Platitüden und Phrasen nicht hinaus (48). Bezeichnend ist jedoch seine Verachtung des Kleinbürgertums (47 f., 96). Fast alle Helden Walsers stammen aus dieser amorphen Schicht, der er sich selbst besonders verbunden fühlt. Die Leiden des Kleinbürgers und die Bedingungszusammenhänge dieser Leiden stehen in Walsers Romanen immer wieder im Mittelpunkt.[65] In der Novelle müssen die nur angedeuteten Bedingungszusammenhänge, wie etwa die berufliche Situation Buchs, allerdings rekonstruiert werden. Wie andere Hauptpersonen Walsers[66] bekennt sich auch die Figur Halm – zumindest innerlich – zu ihrer kleinbürgerlichen Herkunft. „Wenn ich überhaupt etwas bin, dann ein Kleinbürger. Und wenn ich überhaupt auf etwas stolz bin, dann darauf.“ (96) Als abgesicherter Beamter mag ihm dieses Bekenntnis besonders leicht fallen. Bei Klaus Buch dagegen, der bei aller phrasenhaften Kritik und einer großbürgerlichen Herkunft dem Kleinbürgertum doch verhaftet bleibt, schlägt die Zwischenstellung, die widersprüchliche Situation dieser Schicht, voll durch: Zum einen der Wunsch nach Aufstieg in die besitzende Bourgeoisie, zum anderen die Angst vor dem sozialen Abstieg. Bedroht von Arbeitslosigkeit, flüchtet Buch in die Rolle des Jet-Setters, täuscht umfangreichen Immobilienbesitz vor (48), der zukünftig das Arbeiten überflüssig machen werde.

Weniger durch die explizit geäußerte Gesellschaftskritik als durch die schlichte Darstellung der Situation der Hauptfiguren und ihrer inneren Reaktion darauf verweist Walser auf gesellschaftliche Bezüge. Vieles spricht auch dafür, daß er nicht nur allgemeine Gesellschaftskritik, sondern konkret die bundesdeutsche Wirklichkeit Ende der siebziger Jahre im Auge hatte. Fixieren wir also das Geschehen im Sommer 1977[67] und unternehmen den Versuch, eine Kurzbiographie der beiden männlichen Hauptfiguren zu rekonstruieren. Beide sind Jahrgang 1931, wenn sie 1977 sechsundvierzig wurden. Mit vierzehn erlebten sie das Kriegsende, Abitur 1950, Studium und Berufseinstieg in der Adenauer-Ära und der Zeit des Wirtschaftswunders. Ende der sechziger Jahre, der Zeit der Studentenbewegung, gehen sie schon auf die Vierzig zu. Vielleicht wurden sie mitgerissen von dem Reform- und Bildungseifer zu Beginn der siebziger Jahre. Eine Bemerkung Sabines, daß Helmut nun kein „Klassenkämpfer“ mehr sei (56), läßt auf zurückliegendes politisches Engagement schließen. Klaus springt bei der Ökologiebewegung, einer Strömung der „Neuen sozialen Bewegung“ (NSB)[68] der siebziger Jahre, auf. Zehn Jahre früher hätten seine Bücher noch keinen Markt gehabt. Auch viele Äußerungen Helenes (142) und ihr neues Selbstbewußtsein wären ohne den Hintergrund der Frauenemanzipationsbewegung in den siebziger Jahren – die erste Ausgabe von *Emma* erschien im Januar 1977 – nicht denkbar. Die negative Seite der „sexuellen Befreiung“, die zu Beginn der Dekade mit der breiten Vermarktung der Sexualität deutlich wurde, spürt Halm am eigenen Leibe.

Auch Klaus Buchs wirtschaftliche und berufliche Situation muß vor dem Hintergrund der Rezession und der von 1974/75 an steigenden Arbeitslosigkeit gesehen werden, denn auch der „Kulturmarkt" ist von solchen wirtschaftlichen Veränderungen nicht ausgenommen.

Der ökonomische Umbruch Mitte der siebziger Jahre hatte auch psychologische und kulturelle Auswirkungen. Das folgende längere Zitat aus dem *Kulturtagebuch* macht dies deutlich:

> „Tendenzwende" nennen es die einen, das Scheitern der hochfliegenden Träume von gestern die anderen. Fest steht, daß sich Mitte der siebziger Jahre die rauhe Wirklichkeit gegen viele schöne Utopien durchgesetzt hat. Es folgt der Rückzug vom öffentlichen in den privaten Bereich. Anstelle des Engagements wird der Weg zu sich selbst gesucht. Man erlebt eine „neue Innerlichkeit". Die Mitte des Jahrzehnts ist die hohe Zeit der Seelenanalytiker und Therapeuten. Ein neuer Ich-Kult greift um sich. Die intensive, bisweilen wehleidige Beschäftigung mit sich selbst führt oft zur deprimierenden Diagnose einer inneren Leere. Die Midlife-crisis ist in aller Munde. Zwei Bücher machen den Bundesdeutschen klar, woran viele von ihnen leiden. „In der Mitte des Lebens" von der Amerikanerin Gail Sheehy und „Midlife Crisis" von dem deutschen Autor Hermann Schreiber. Die Midlife-crisis – eine Lebenskrise zur Halbzeit des Lebens wie die Pubertät in der Jugend? Auf jeden Fall befällt sie viele Mittvierziger wie eine grassierende Modekrankheit."[69]

Dieser Abschnitt zeigt, daß – mit zeitlichem Abstand betrachtet – beide Mittvierziger des Jahres 1977 mit ihrer höchst persönlich empfundenen Krise auch einem gesellschaftlichen Phänomen entsprechen. Die Egozentrik der beiden Hauptpersonen, Helmuts Rückzug und Resignation sind somit nicht nur in einem persönlichen Schicksal begründet, sondern repräsentieren auch einen allgemeinen Trend zur Depression. So gewinnt Helmuts Gedanke, daß er ein „Repräsentant" und „Prototyp" sei (70) eine weitere Bedeutung. In seiner Novelle erfaßt Walser mit seinen Figuren auch den Zeitgeist in der zweiten Hälfte der siebziger Jahre. Geschickt verknüpft er beide Seiten, die private und die gesellschaftliche. So kann Doane behaupten, daß es sich um „keine psychologische Novelle im eigentlichen Sinne (handelt), sondern (um) eine Aufzeichnung psychologischer Formationen und Deformationen, die in den politischen Verhältnissen wurzeln."[70]

5
Walsers Erzählstil

„Martin Walser ist ein Schriftsteller, der erzählen und unterhalten kann, doch ein Meister der strengen Form ist er nicht. Seine Prosa, sowohl die kurzen Erzählungen als auch der längste Roman, ist von der Miniatur aus bestimmt: nicht durch umspannende, epische Konstruktion, sondern durch wortreiche Kleinheit zeichnet sich seine Form aus."[71] Diese von Schwarz 1971 getroffene Beurteilung ist inzwischen bezüglich der Gesamtform durch die genaue Konstruktion der Novelle überholt worden, aber auch für das *Fliehende Pferd* gilt, daß hier Walser der „wortreichen Kleinheit" besondere Aufmerksamkeit schenkt.

Seit seinen ersten Romanen wurde er immer wieder als der genaue Beobachter und Sprachvirtuose gerühmt,[72] dessen Erzählstil in besonderem Maße das Detail beachtet. Als Beispiel könnte man in der Novelle die genaue Beobachtung der Körperdetails hervorheben, der Hände (61), aber vor allem der Gesichtspartien, Augen, Nase und Mund. Wie in einer Großaufnahme beschreibt Walser Klaus Buchs Bewegungen, die dieser mit Mund und Zunge vollführt: die „geradezu unflätig beweglichen Lippen" (25), seine Zunge, die von innen gegen die Oberlippe arbeitet (46) oder sich hinter den Lippen wälzt (81,107) und ausbricht (115). Diese Bewegungen zeigen Buchs innere Spannungen und Aggressionen, die schließlich im Kampf mit der Natur zum Ausbruch kommen. Über die Charakterisierung hinaus entlarvt die detaillierte Beobachtung aber auch die eingeschränkte Sichtweise des Erzählers, der den Überblick verloren hat.

Walsers Sprache ist eine respektlose Sprache. Er scheut sich nicht, aus dem reichen Reservoir der umgangssprachlichen Ausdrücke zu schöpfen: „Halt's Maul" (17), „Mordsweib" (19), „Bumskultur" (48), „Lulatsch" (51), „Arschloch" (104), „Scheißsee" (106) etc. Die meisten Ausdrücke dieser Art hat er Klaus Buch in den Mund gelegt, wie auch die Buchs sich durch den flotten Jugendjargon – „echt brutal" (105), „Spitze" (109) – als die Junggebliebenen kennzeichnen. Bei der Beschreibung der Segelpartien greift Walser, selbst Segler, auf die Fachsprache zurück. Der Leser wird mit Begriffen wie „Pinne", „reffen" (119) und „Fockschot" (116) konfrontiert. Bei wichtigen Handlungspassagen, wie in der folgenden, hat der Autor allerdings sehr geschickt Erläuterungen mit eingeflochten: „Wenn Klaus Buch FIER AUF ruft, soll er nachgeben, aber nie ganz loslassen, wenn Klaus Buch DICHT ruft, soll er anziehen." (116)

Die Handlungspassagen treten – wie schon angemerkt – vom Umfang her hinter die Dialoge und Reflexionen des Erzählers zurück. Entsprechend tritt auch die Bedeutung des Verbs in den Hintergrund. Den substantivischen Konstruktionen und vor allem den Adjektiven schenkt Walser seine volle Aufmerksamkeit. Bei den Naturbeschreibungen (106, 115, 126) und den Beschreibungen der Personen (der „flammend Blonde in Blau, mit Augenweiß und Zähneweiß", 20, etc.) achtet der Beobachter besonders auf die Farben. Schon 1971 sprach Schwarz von einem „Nominalstil".[73] Die Übergänge von Handlung, Dialog und Reflexion sind fließend angelegt und kaum wahrnehmbar. Als Beispiel sei hier der Beginn des 7. Kapitels angeführt:

> „Kurz vor halb neun standen Helmut und Sabine unter dem Vordach und betrachteten Frau Zürns wild gemischten Blumen-Garten mit einem Interesse, das Frau Zürn, sollte sie plötzlich auftauchen, befriedigen müßte. Frau Zürn hatte einmal zu Helmut gesagt, sie geniere sich dafür, daß die Ferienwohnung Gitter vor den Fenstern habe, ..." (94)

Im Relativsatz fließen schon die Reflexionen des Erzählers Halm ein, im folgenden Satz dann seine Erinnerungen. Gleichzeitig ist diese Passage auch ein Beispiel für den ständigen „gedanklichen Perspektivwechsel" des Erzählers, der oft in seinen Reflexionen eine Situation mit dem Vorzeichen einer anderen Person durchdenkt. Damit demonstriert Walser auch, daß alle Wahrnehmungen Halms durch seine Reflexionen gebrochen sind, Wahrnehmungen, die dem Leser gleichsam nur durch einen Schleier zugänglich sind. In der berichteten Rede (z. B. 110f.) macht der Konjunktiv die Mittelbarkeit des Gesagten deutlich.

Wie Waine anführt,[74] hat Walser nach einem persönlichen Erlebnis 1965 seine Syntax verändert. Nach einem Schwächeanfall habe er Angst gehabt, daß ihm beim Schreiben der langen Perioden, bei dem er bislang den Atem angehalten hatte, die Luft ausgehen werde. Walser hat von einem Stil der langen Perioden zu einem Kurzsatzstil gefunden. Diese Syntax hat bei ihm eine neue Bedeutung bekommen. In der einfachen Parataxe, in Satzfetzen und Ellipsen ist das assoziative Denken der Helden sprachlich umgesetzt. Daß „einfach" dabei keineswegs mit gehaltlos gleichgesetzt werden kann, soll das folgende knappe Zitat belegen:

> „Leute betrachten fand sie interessant. War es auch. Aber nicht auszuhalten." (10)

Für diese portionsweise vermittelte Aussage bräuchte man, wollte man sie in eine alles erklärende Hypotaxe überführen, wahrscheinlich den dreifachen Raum. Die Beschreibung der Haltung seiner Frau, Helmuts Zustimmung, aber auch die Differenzierung dieser Zustimmung sind auf diese drei kleinen, z. T. elliptischen Sätze konzentriert. Die Adversativkonstruktion vermittelt Halms widersprüchliche Situation, daß er sich einerseits von den Braungebrannten angezogen fühlt, ihm andererseits aber auch die Nähe der Promenierenden ein Greuel ist. Dies ist nur eine der vielen Deutungsmöglichkeiten, denn durch den Verzicht auf die kausalfinale Verknüpfung in der Parataxe werden Deutungslücken belassen, die – wie in vielen Kurzgeschichten – die „innere Offenheit"[75] gewährleisten. Aber nicht nur in der Parataxe, sondern auch in der einfachen Hypotaxe verdichtet Walser die Reflexionen Halms so, daß der Leser zunächst überrascht ist. Meist muß man die Passage, wie die folgende, zweimal lesen:

> „Klaus Buch formulierte so, daß man, wenn man widersprach oder zustimmte, fast nur der Formulierung, aber nicht dem Gesagten widersprach oder zustimmte." (23)

Es ist auffällig, daß die mit äußerst knappen sprachlichen Mitteln vorgenommenen Differenzierungen oft bestimmte Kommunikationssituationen betreffen. In Dialogpassagen geht es Walser nicht nur um die Äußerungen selbst. Er beschreibt auch die (gleichzeitige) „analoge Kommunikation" (Watzlawick), d. h. die Mimik, Gestik und den Tonfall des Gesagten: „Vom Westen, sagte Helmut in einem Ton, der geduldige Nachsicht mit dem Frager verriet." (77) Auch hier findet sich wieder äußerste Konstruktion in einer einfachen Satzkonstruktion.

Die einfache Syntax eröffnet nicht nur Deutungsspielräume, sondern gibt auch dem Einzelwort, dem Detail mehr Gewicht. Wenden wir uns also dem Einzelwort zu: Walsers bildreiche Sprache umfaßt Metaphern, Vergleiche, Wortspiele und Wortneuschöpfungen. Beim Lesen bekommen seine Wortschöpfungen wie etwa „Wiedererweckungsfanatismus" (29), „Harnsäurekonzentrat" (42), „Erinnerungssauerstoffknappheit" (63) und „Schädelstättenzustand" (29) oft durch die Länge der Komposita besonderes Gewicht. In diesen Neuschöpfungen und Metaphern formulieren die Personen ihre momentanen Stimmungen, ihre Lebenssituation und die Deutung des Gegenübers. Die sprachlichen Bilder bringen somit die in der Novelle „angelegten Konstellationen in verdichteter Form zum Ausdruck."[76]

Die sprachlichen Bilder, die Walser Klaus Buch in den Mund legt, charakterisieren diesen in erster Linie als einen Sprecher, der mit Formulierungen brillieren will, aber auch seine Lebensgier und sein „dionysisches Temperament" kommen darin zum Ausdruck. Wörter und Wortgruppen wie „Prophet in Hosenträgern", „heilige Hektik", „Entflammung ins Physische" (23) und „Riesenhallraum" (113) deuten darauf hin, daß Buch versucht, Sprache zu individualisieren, um herauszustechen. Ansonsten ziehen Buchs in ihrer Mitteilung eher verblaßte Metaphern vor, auffällig viele aus dem Wortfeld „Schiffahrt und Meer": „vom Stapel laufen" (110), „Flaute" (112), „auf dem falschen Dampfer sein" (138), „einen Ertrinkenden über Wasser halten" (140), „Mitleidswoge" (144). Ein wenig überraschend ist die Sprache, zu der Helene am Ende unter Alkoholeinfluß fähig ist, eine Sprache, die man eher von Helmut erwarten würde.

Halms Bilder zeigen ihn als den sensiblen Beobachter und Reflektierenden, wenn er bei Sabine ein „abgestorbenes" (12) oder „abschüssiges Lächeln" (17), bei sich eine „eckig wirkende Fröhlichkeit" zu bemerken glaubt (81). Die Bilder haben oft etwas verblüffend Konkretes. Die Metaphern fangen aber nicht nur die Beobachtungen ein, sondern verweisen auch auf Halms Lebenshaltung und resignative Grundstimmung. In den Bildern „Überneuschwanstein" und „blutige Trägheit" (70) wird dies besonders deutlich sowie in der Situation, als er nach einer vorsichtigen Selbstoffenbarung gegenüber Sabine seine seelische Stimmung in den Satz faßt: „Wie schön sind (...) gewendete Kleider." (104) Bei Halms reflektierenden Sätzen muß man dem Attribut besondere Aufmerksamkeit schenken: „annäherungslose Vertrautheit" (16), „herzliche Vorwürfe" (31), „Selbstgenügsamkeit des Negativen" (37), „panische Schwermut" (80) etc. Die schon bei der Syntax beobachtete „Adversativkonstruktion“ wird hier noch weiter zum Oxymoron verdichtet.

Eine Art Gegengewicht zu den bedeutungsschweren Reflexionen Halms bilden die von Walser eingestreuten satirisch-ironischen Wendungen, die gewollte Komik und die Beschreibung grotesker Situationen. „Man sah wenig. Von dem Wenigen aber zuviel.“ (9) Mit diesem Wortspiel kommentiert Halm die groteske Situation auf der Promenade. Nicht ohne Selbstironie ist Halms Formulierung, daß sich Dr. Zürn und er wie „zwei ebenbürtige Geheimnisse“ (15) begegneten oder daß er sich mit Sabine auf dem Segelboot „wie ein Konditorehepaar (fühle), das sich zur Feier der Goldenen Hochzeit zu einer viel zu sportlichen Bootsfahrt hatte einladen lassen“ (47). Vergleiche scheinen bei Walser ohnehin meist der ironischen Kommentierung zu dienen (21, 37, 147, 149). Die für Helmut bedeutsame, vielleicht kränkende Situation, als Sabine mit der Hand vorsichtig einen Annäherungsversuch wagt, entschärft Walser mit dem Satz: „Diese Hand war ihr Korken, der ihr verriet, ob einer anbiß.“ (72) Aber auch die Buchs werden voller Ironie beschrieben. Beredt sind schon die Titel der Bücher von Klaus Buch: „Aufzählung des Grünen“ (43) heißt eins, in dem er die Leser als eine „grüne Lunge der Menschheit“ bezeichnet hat, und sein geplantes großes Bodenseebuch soll lauten: „Laß Europa aus dir trinken“ (44). Gelegentlich läßt Walser Halm die Äußerungen der Buchs und die von ihnen inszenierten Situationen kommentieren. Zwei Beispiele mögen hier genügen: Auf die oben erwähnten Publikationen reagiert Helmut mit bissiger Ironie: „Helene Buch hat also auch schon geschrieben. Ja, sowas. Über Kräuter. Und Klaus hat sogar schon mehreres veröffentlicht. Über das Essen allgemein. Aha.“ (44) In der Beschreibung des Dienstagabends, als Helmut gezwungen ist, sich die Bilder der siebzigsten und neunzigsten Geburtstage anzuschauen, wird das Groteske dieser Situation deutlich: „Gelacht hatten die. Da schau. Und sie auch. Schau. Die morschen Nasen in Blumen gesteckt. Da schau. Entzücken daraus gesogen. Schau.“ (100)

Zuweilen kommt beim Lesen der Eindruck der Redundanz auf, besonders wenn die Gedanken der Hauptperson kreisen und nicht von der Stelle zu kommen scheinen. Kaiser hat daher der Novelle angekreidet, daß „alles auf Walser-Weise um- und umformuliert“ werde, daß anstelle „sinnfälliger Bereicherung“ und „gewonnenen Gehalts brillante Wortvariation trete“.[77] Es ist tatsächlich auffällig, daß der syntaktischen und begrifflichen Konzentration die Variation und Wiederholung gegenüberstehen. Die Wortwiederholungen übernehmen dabei mehrere Funktionen. Eine wird aus dem letzten Zitat deutlich. Bewußt setzt Walser hier das Stilmittel der ständigen Wiederholung des „schau“ ein, um das Groteske und Stereotype der Situation herauszuheben. Besonders rhythmisch läßt sich ein weiteres Beispiel lesen, das hier zuzurechnen ist: „Die beiden redeten. Redend setzten sie sich. Sitzend redeten sie weiter.“ (21) Bei der ersten Begegnung der beiden Paare fällt mehrfach das Wort „lustig“ (22). Die Wiederholung zeigt hier die Monotonie der Kommunikation an, die über eine nichtssagende Bewertung nicht hinauskommt. Die stereotype Einleitung der direkten Rede gehört auch in diesen Zusammenhang. Walser formuliert einen Gedanken mehrfach um, wenn ihm dieser besonders wichtig erscheint. Die Wortwiederholung verleiht dem Gedanken besonderen Nachdruck und macht auf Schlüsselworte aufmerksam. „Schwindel“ (45) und „abhängig“ (138 f.) sind auf diese Weise herausgehoben. Die meisten Wortwiederholungen nehmen diese Funktion ein (106, 112, 143, 145, 147 etc.). Auf den Seiten 66 und 67 der Novelle wiederholt Walser das Wort „Druckwaren“ mehrfach sowie das Wort „Pranger“. Der Autor scheint in diesen Fällen lieber das für ihn rechte Wort zu wiederholen, als es aus Variationsgründen durch ein unpräziseres zu ersetzen. Der Begriff „Druck-ware“ betont besonders, daß sich das hier angesprochene Schrifttum an den Gesetzen des Marktes orientiert. „Pranger“ überträgt treffend die historische Strafe auf Helmuts Situation. Dennoch scheint gerade in dieser Passage einiges zuviel gesagt zu werden.

Wie so oft bei Walser, ist auch in der Novelle eine symbolische Funktion der Namen zu vermuten. Hick führt in ihrer Dissertation an, daß die Namen auf die Verknüpfung der beiden Männer hinweisen, da jeder Momente des anderen in sich trage. Der extrovertierte Buch sei mit dem Lieblingsrefugium seines Kontrahenten benannt, Halm mit einem Naturbegriff, obwohl er nicht in die Natur gehöre.[78] „Buch“ verweist aber auch auf Klaus selbst, den Bücher schreibenden Journalisten, der, redend wie ein Buch, sich bemüht, seinem Namen alle Ehre zu machen. Helene deutet wohl auf die schöne Helena der griechischen Mythologie, und Klaus (oder Claus) hat nicht nur das C mit Cäsar gemein (93), während Helmut von seinem Namen die Verbindung zu Helene herstellen kann (91). Darüber hinaus gibt sein Gesamtname Helmut Halm Gelegenheit, ihn mit den Anfangsbuchstaben lautmalerisch dem Gelächter preiszugeben: „unser Ha-Ha" (51). Läßt man auch bei „Halm" seinen Assoziationen freien Lauf, zeigen sich auch dort Parallelen. Helmut zeigt sich resistent und flexibel wie ein Halm im Sturm, wenn er durch Zustimmung jedem Konflikt aus dem Wege geht und auch die bedrohliche Situation nach dem „Bootsunglück" heil übersteht: ein „Stehaufmännchen".

6
Die Novelle im Kontext von Walsers Leben und Werk

Dieses Kapitel geht der Beziehung von Autor und Novelle nach. Dabei soll auf eine ausführliche Darstellung der Biographie, die an anderer Stelle besser nachzulesen ist,[79] verzichtet werden. Nur einige biographische Hintergründe der Novelle, insbesondere die Bedeutung von „Heimat“ für den Autor, sollen hier angesprochen werden. Einige Interviews, von denen eines in Auszügen unten (s. S. 105 f.) abgedruckt ist, bilden das Material für die weitere Untersuchung der Beziehung von Novelle und Autor. An dieser Stelle soll noch einmal auf den Punkt der gesellschaftlichen Dimension der Novelle eingegangen werden. Eine Einordnung in das Gesamtwerk, die alle thematischen Parallelen zu den früheren Romanen wie *Einhorn* und *Halbzeit* sowie zu den Theaterstükken aufzeigt, wird hier nicht zu leisten sein. Jedoch sollen zwei Parallelveröffentlichungen des Jahres 1978 und besonders der Nachfolgeroman *Brandung*, in dem wieder Halm im Mittelpunkt steht, zum Vergleich herangezogen werden.

Eine Rezension urteilte nach dem Erscheinen der Novelle über Walser: „Sein Hauptthema heißt Walser. Die eigene Person wird zerlegt, wird mit dem spitzen Aperçumesser in Viertelstücke und Hälften tranchiert.“[80] Äußerungen Walsers in Interviews scheinen diese Behauptung zu bestätigen, insbesondere die Affinität des Autors zu seiner Hauptfigur Halm: Man könne auch nicht „eine Hauptfigur haben, die man nicht mag, mit der man nicht eine Sympathie, mit der man nicht eine Art Mitleiden hat“.[81] Was verbindet also Walser mit der Figur Halm oder mit Buch? Zuerst einmal das Alter. In einem Interview räumt der Autor ein, daß auch er Angst vor dem Altern habe, daß er schon davon gesprochen habe, „das Schlimmste sei, fünfzig zu werden“.[82] Die Krise der Lebensmitte ist also auch ein Problem, das ihn persönlich auf irgendeine Weise beschäftigt hat. In der Art, mit dieser umzugehen, scheint er Halm näher, wenn er bemerkt, er könne sich „sehr weit mit der blutigen Trägheit dieses Helmut Halm identifizieren“.[83] Oder: Die Sorge um seine Familie habe ihn vor einer „asozialen Introversion“[84] geschützt. In einem anderen Interview korrigiert er dieses Bild ein wenig. „Also ich war, als ich das Buch schrieb, der Meinung, ich vertrete mit meiner Spielfigur

Helmut Halm einfach meine eigene Position gegenüber einer Reihe von Figuren, die ich in Wirklichkeit kenne und die ich zusammengefaßt habe in der Figur Klaus Buch." Jemand, der ihn gut kenne, habe ihn aber darauf aufmerksam gemacht, daß er in den Figuren auch „zwei innere Kämpfer", zwei Seiten seiner Persönlichkeit ins Spiel gebracht habe.[85] Walser ist ein guter Segler. Auch das Bemühen um sportlichen Ausgleich verbindet ihn mit Buch. Persönliche Erfahrungen, wie die wirtschaftlichen Probleme im Elternhaus, die daraus resultierende fast radikal zu nennende Empfindlichkeit gegen Abhängigkeit und Beleidigung,[86] die Walser auch bewogen hat, die freie Mitarbeit einem Angestelltenvertrag beim Süddeutschen Rundfunk vorzuziehen, diese Erfahrungen mögen in die Figur Buch eingeflossen sein. Die besondere Beziehung Walsers zu Halms Kleinbürgerexistenz wurde schon herausgehoben. Es ist für ihn natürlich, daß auch seine Romane „in der kleinbürgerlichen Perspektive spielen, wo allein (er) zuhause (sei)".[87] Walsers eigene Erinnerungen an die Schulzeit in der Lindauer Oberschule, wo er sich „in seinem kleinbürgerlichen Bewußtsein so unsicher und minderwertig fühlte"[88], vielleicht gerade im Umgang mit den großbürgerlichen Freunden, mögen für Halms Erinnerungen Pate gestanden haben. Zieht man die parallelen Veröffentlichungen Walsers, die auch 1978 erschienenen, persönlicher gefärbten Bücher *Der Grund zur Freude. 99 Sprüche zur Erbauung des Bewußtseins* und *Heimatlob. Ein Bodensee-Buch von André Ficus und Martin Walser* heran, so sind dort einige Reflexionen Halms (*Grund zur Freude*, 67, 93; *Heimatlob*, 25 ff., 75 ff.) und Naturempfindungen der Hauptperson (*Heimatlob*, 10, 13, 22, 37, 40, 49 f., 69) vorgeprägt. Nach eigenen Aussagen liegt auch die Hauptquelle der Authentizität „im Schriftsteller selber, also in Problemen, Konflikten und Widersprüchen sowie in den von ihm gemachten gesellschaftlichen Erfahrungen".[89]

In Interviews sind die Fragenden bestrebt, dem Autor eine Interpretation des eigenen Werkes zu entlocken, Leerstellen durch die „maßgebliche" Autorendeutung zu füllen. In dem oben genannten Interview[82] sind es die Themen Altern, Lebensstrategie der Hauptpersonen, Helmuts Tat und ihre Bewertung, die Ehe, das Fluchtmotiv und die gesellschaftlichen Bedingungen. Es ist auffällig, daß sich der Autor diesen Fragen mit sehr vagen Formulierungen entzieht, beispielsweise der Frage, ob Helmuts Tat als Mordversuch zu bewerten sei oder nicht (s. o.). Auf das Lob bzw. den Vorwurf, die Novelle sei apolitisch, reagiert er jedoch sehr konkret: Die Figuren der Novelle antworten nach seiner eigenen Deutung je auf ihre Art auf die Leistungsgesellschaft und ihre Konkurrenzmechanismen. Halm billigt Walser dabei ein unausgesprochen kritisches Verhalten zu.[90] Die Novelle sei insofern eine politische Erzählung, als sich die Handlung nur in unserer Gesellschaft abspielen könne.[91]

Die Formulierung „Schreiben als Ausdruck des Mangels" ist schon eine feststehende Wendung in der Beschreibung eines gewichtigen Teils der Walserschen Poetik geworden. In einem Gespräch wurde dem Autor vorgeworfen, er bekomme diesen Mangel gesellschaftspolitisch nicht in den Griff, sondern privatisiere ihn. Walser entgegnete, er könne keine Deduktion, sondern eine Aussage „erzählerisch nur induktiv liefern", d. h. durch die Darstellung der Deformation auf die Ursachen der Deformation verweisen. „(I)ch komme ja nur – pathetisch ausgedrückt – erleidend zu etwas. Ich reagiere ja nur auf Mangelerlebnisse."[92] Wie seinen persönlichen Erkenntnisprozeß legt er seinen Schreibprozeß an, den der Leser nachvollziehen soll. Im Gespräch machte er diesen Vorgang anhand der Hauptfigur aus *Schwanenhaus* deutlich: „Nur mit der vollkommenen Übereinstimmung mit solchen Figuren kann etwas Gesellschaftliches durch mich selber, in mir, für mich geklärt werden, schreibend. Und ich nehme an und habe Anlaß dazu, daß viele Leser (...) vielleicht doch beim Lesen einfach auf das kommen und sagen: Was wird in so einem Manne angerichtet durch solche Bedingungen. Sie kommen auf all das selber."[93]

Das schon erwähnte Bodensee-Buch gibt einen Hinweis darauf, daß „Heimat" bei Walser eine besondere Rolle spielt. Während er 1972 „Heimat" noch primär politisch definierte, in dem Sinne, eine entwickelte Gesellschaft müsse den Staat zur Heimat für alle ausbilden,[94] scheint der Begriff in dem Buch *Heimatlob* eher traditionelle Bedeutung zu gewinnen: Bodenständigkeit, Heimatgefühl, Dialekt und Lokalgeschichte interessieren hier den Autor, die Natur spielt eine bedeutende Rolle. Aber es wäre kein Buch von Walser, wären nicht auch hier Passagen der Kritik und Selbstkritik zu finden: „In den zehn Jahren, in denen ich vis à vis der Natur wohne, hat sich eine Ahnung gebildet, daß es unerwünschte Folgen haben könnte, alle Wohnseiten dem Süden, der Sonne, dem See zuzukehren. Wir haben uns vom Dorfplatz und vom Marktplatz und von der Straße, die uns verband, weggedreht. Wir haben einander aus dem Gesicht verloren." (*Heimatlob*, 50) Seit 1968 wohnt Walser in Nußdorf am Bodensee, wo er ein Haus am See gekauft hat. 1927 ist er in Wasserburg am Bodensee geboren und verbrachte dort seine Jugend. Nach seiner Studienzeit in Regensburg und Tübingen und nach einigen Jahren in Stuttgart kehrte er 1957 an den Bodensee nach Friedrichshafen zurück, wo er als freier Schriftsteller arbeiten wollte. Die Bodenseeregion läßt ihn nicht los. Nicht nur die Novelle, sondern auch seine Romane *Der Sturz*, *Jenseits der Liebe* und *Seelenarbeit* spielen in diesem Landstrich. Walsers Vertrautheit mit den Schauplätzen geben diesen Werken die atmosphärische Authentizität, den realistischen Hintergrund.

Im Jahre 1985, also sieben Jahre nach der Novelle, erschien Walsers Roman *Brandung*[95], in dessen Mittelpunkt wieder Helmut Halm steht. Hier ist der Frage nachzugehen, ob der Autor Literatur mit Literatur kommentiert, indem er konkrete Bezüge zur Novelle herstellt, ob er Themen weiterführt und den Charakter der Hauptfigur weiterentwickelt. Zu fragen ist dabei, was konstant geblieben ist oder sich verändert hat, welche Ähnlichkeiten und Parallelen sich auftun.

Ein grundsätzlicher Unterschied ergibt sich schon aus dem Schauplatz des Romans. Auf Vermittlung eines alten Studienfreundes reist Halm mit Frau und Tochter in das kalifornische Oakland, wo er eine mehrmonatige Gastdozentur erhält. Helmut verläßt also seine „grüne Gruft in Sillenbuch" (*Brandung*, 173), die in Düsterheit der Zürnschen Wohnung nicht nachsteht, und geht hinaus ins Leben, in diese helle leichte und lebendige Welt der kalifornischen Universität. Für Halm ist zwar auch der USA-Aufenthalt eine Art Flucht vor den Schwierigkeiten des Schulalltags (*B.*, 10f., 151, 153) – er hat inzwischen das Gymnasium gewechselt –, aber in Oakland selbst fühlt er sich nicht mehr (außer vielleicht noch durch eine ihm sympathische Sekretärin) verfolgt, bis auf eine kleine Episode, wo er für einen Moment glaubt, an einem verlassenen Küstenstrich Klaus Buch wiedergetroffen zu haben:

> „Ein bärtiger Mann kam aus der Büsche-Bäume-Insel und rief, Micki solle zu ihm kommen. O Gott nein ... Klaus Buch! Halm hatte das Gefühl, das kleine Tal schaukle, wolle sich drehen, um ihn, komme aber nicht richtig in Schwung, aber es ruckte und schwankte. Soweit hatte es kommen müssen! Er rennt ans Ende der Welt, um dann an diesen Erzaufbrecher, den Superabenteurer, den elenden, ihn ewig austrumpfen wollenden Exfreund Buch hinzulaufen, daß der im Rainer Mersjohannschen Urtonfall sagte: Ick bün all dor. (...) Es war zum Glück, trotz aller Braungebranntheit, Bärtigkeit und Männlichkeit nicht dieser Buch (...)" (*B.*, 226)

Ansonsten scheint Halm gegenüber seinem Freund Mersjohann zum Teil die Rolle von Buch übernommen zu haben. Rainer, der „wahrhaft Leidende" (*B.*, 173), fühlt sich von Halm bedroht und verfolgt (*B.*, 131, 141, 145), weil dieser ihm von seinem „neuen Leben" vorschwärmt: „Täglich Dauerlauf. Wein und Nikotin gegen Null tendierend." (*B.*, 217) „Sein Jugendfreund Klaus, der ihn vor einigen Jahren vergeblich zu solchen Übungen überreden wollte, würde jetzt triumphieren" (*B.*, 195), denkt Halm bei einem Dauerlauf. Verführt durch die beeindruckende, helle Umgebung Kaliforniens und durch das mitreißende Treiben der Universität, verliebt in die junge Studentin Fran, hat sich Helmut zu diesem „neuen Lebensstil" (*B.*, 198) entschieden. Seine alten Lebensgewohnheiten finden sich in der Trink- und Genußsucht seines Freundes Rainer Mersjohann übersteigert wieder. Dieser leidet extrem unter der Situation, in die seine Ehe geraten ist. Halms Versuch, für eine kurze Zeit von der Ehe Urlaub zu machen – Sabine mußte nach Stuttgart zurückkehren – provoziert den Gerechtigkeitsfanatiker Mersjohann. Aus Gerechtigkeitsgründen, nicht wie damals Klaus Buch aus Gründen der Erhaltung der Virilität, schlägt Rainer ihm daher die Trennung von Sabine vor (*B.*, 258). Diesen Seelenverwandten bedroht nun Halm, nicht so aggressiv wie seinerzeit Buch ihn, sondern allein durch sein Beispiel. Halm kommt es so vor, als benehme „er sich so penetrant wie damals Exfreund Buch, der offenbar nichts mögen konnte, ohne dem Zwang zu verfallen, es anderen auch aufreden zu müssen" (*B.*, 217). Zeichen seiner neuen Vitalität ist ein neuer Spitzname: Halm befürchtet, daß man ihn hier nicht wie zu Hause „Bodenspecht", sondern nun „Butterfly" nennen könnte (*B.*, 188). Vor einer Unterrichtsstunde hatte er eine entsprechende, anzügliche Zeichnung auf seinem Pult vorgefunden. Auch im Roman spielt die Sexualität eine bedeutende Rolle. In Halms Erinnerung taucht das Hotel in Grado wieder auf (*B.*, 164). Aber auch in dieser Beziehung scheint Helmut hier ein wenig agiler geworden zu sein (*B.*, 152). Wie die Erinnerungsproblematik – Helmut erkennt auch hier seinen Freund Rainer zuerst nicht wieder (*B.*, 29) – so spielt auch das Thema des Alterns eine untergeordnete Rolle. Letzteres scheint auf die Nebenfigur Kirk Elrod (*B.*, 57, 104, 213, 223, 273) verlagert zu sein. In seiner Umgebung gilt Halm als Nietzsche-Liebhaber. Er hat ein Buch nicht über Kierkegaard, sondern über Nietzsche geschrieben, das allerdings vom Verlag abgelehnt wurde (*B.*, 17, 61, 82, 118, 232, 255). „Sein Alterswerk heißt (nun) Sport. Wenn schon kein Buch über Nietzsche, dann doch eine Körperrenaissance sondergleichen." (*B.*, 232)

Trotz gewichtiger Veränderungen ist Halm in vielen Belangen der Alte geblieben. Noch immer laviert er sich so durch mit Zustimmung und viel Lob. Das „Schwärmen" trägt ihm viel Kritik ein. Ausgelöst durch das Reden in der Fremdsprache, durch den Konversationskurs und seine Erfahrungen mit dem Small talk auf Partys, kreisen auch im Roman seine Reflexionen um die Frage nach Wahrheit und Lüge, um die Kommunikation schlechthin. Auch hier nimmt Mersjohann eine extreme Gegenposition ein. – In einem Gespräch mit Fran erklärt Halm zwar, er sei abgehärtet, das Leiden komme ihm abgeschmackt vor (*B.*, 183), aber noch immer überfallen ihn Momente der Resignation und Depression, nach der Abreise Sabines, nach seinen grotesken Auftritten und Niederlagen als Liebeskranker. Die Stimmungsschwankungen finden ihre Entsprechung in der Identitätsspaltung der Figur. Ein Ich- und ein Er-Halm treten auf (*B.*, 58 ff., 68, 122, 179, 184, 215). Ich-Halm ist der Ängstliche, er will Ruhe, genießen, ist fluchtbereit, auf Rückzug bedacht und passiv: die „Leiche" (*B.*, 168). Er-Halm ist dagegen der Lebenshungrige, der agil die Geschichten vorantreiben will. Aber das bleibt den anderen Personen verborgen, weil Halm wieder säuberlich innen und außen trennt. Nur der Leser erhält Einblick durch die gewählte Erzählperspektive.

Je mehr Helmut sich jedoch auf das Leben einläßt, um so mehr Katastrophen löst er aus. Der Roman wird damit auch zu einer „ins Mythische vordringenden Parabel vom Leben und Tod".[96] Eine Vorwarnung erfährt Halm, als er – der Naturferne – sich beim Baden zu weit in die Brandung hinaustraut. Eine Woge übermannt ihn. Die Brandung, die in weiten Teilen des Romans für das bewegte kalifornische Leben steht („Brandungslärm. Lebenslärm.“ *B.*, 68. Fran: „Sie ist die Fortsetzung der Brandung.“ *B.*, 236), hat sich als tückisch erwiesen. Der Reigen der Katastrophen, der mit dem Tod von Sabines Mutter – eine kleine Inkonsequenz zur Novelle (99) – begann, nimmt seinen Fortgang. Halm bricht bei einem Vortrag zusammen (*B.*, 230): Hyperventilation. Er hat zuviel Leben aufgesogen. Wenig später wählt Rainer Mersjohann den Freitod (*B.*, 282). Helmut war nicht fähig, ihm zu helfen. Auf der Abschiedsparty stürzen Helmut und Fran bei einem rauschhaften Tanz. Helmut empfand dabei die Musik als Brandung (*B.*, 295). Halm verletzt sich und Fran so stark, daß Fran für einige Zeit an Krücken gehen muß. Am folgenden Tag erhält er die Nachricht, daß auch Sabines Vater gestorben ist. Als Helmut in die dunkle, lähmende Atmosphäre seines Stuttgarter Hauses zurückgekehrt ist, erreicht ihn die Nachricht, daß Fran und ihr Freund mit dem Wagen ins Meer gestürzt sind. Die Krücken verhinderten, daß sich Fran rechtzeitig retten konnte. „Sie war ertrunken. Die Brandung.“ (*B.*, 311) Am gleichen Abend wird Otto, auf einem Spaziergang mit Halm, überfahren.

Sabine lernt der Leser erst richtig im Roman kennen. Helmuts Vertrautheit mit ihr fängt viele Schicksalsschläge auf. Das Motiv der Ehe, das durch das Vorführen der verschiedenen Paare immer präsent war, gewinnt am Schluß besondere Bedeutung, eine weitere Parallele zur Novelle. Helmut erinnert sich einmal an die Vorgeschichte des Urlaubs am Bodensee. Er hatte ein Abenteuer mit Nicole Klingele, einer Schülerin begonnen, das für Helmut unglücklich endete. Kurz darauf hatte sie geheiratet und ihm ihren Mann präsentiert. „Und im Sommer darauf hatten Sabine und er einen Jugend- und Studienkameraden hinter sich gebracht. Mit Gewinn sozusagen. Einigkeitsgewinn.“ (*B.*, 123) Auch am Ende von *Brandung* gewinnt Helmut eine neue Vertrautheit zu Sabine, indem er ihr nachts die ganze Geschichte erzählt. Der Roman endet mit dem Anfang. Halm entpuppt sich wieder als Erzähler.

7 Rezeption und Vermarktung

Günther Zehm beginnt seine Rezension in „Die Welt“ mit der Bemerkung, die Novelle müsse zunächst unter dem Gesichtspunkt verlegerischer Werbestrategie gewürdigt werden.[97] Tatsächlich fallen bei der Art und Weise, wie die Novelle erschienen ist, einige Besonderheiten auf. Anfang August 1977 geschrieben, kam das Buch im Frühjahr 1978 auf den Literaturmarkt. Ungewöhnlich war, daß schon ab Ende Januar die Novelle als Vorabdruck in der „Frankfurter Allgemeinen Zeitung“ erschien. Unter der Überschrift „Walsers Glanzstück“ leitete Reich-Ranicki am 24. Januar den Vorabdruck mit der Wertung ein, er halte die Novelle für Walsers „reifstes, sein schönstes und bedeutendstes Buch“. Es sei „ein Glanzstück deutscher Prosa unserer Jahre ...“. Die überaus positive Aufnahme des bedeutenden Literaturkritikers war überraschend, weil er bis dahin als einer der schärfsten Kritiker Walsers galt. Dessen letzten Roman *Jenseits der Liebe* (1976) hatte er ungewöhnlich scharf verrissen. Es sei ein „belangloser, ein schlechter, ein miserabler Roman. Es lohn(e) sich nicht, auch nur eine einzige Seite dieses Buches zu lesen.“ (FAZ, 27. 3. 76) Der Verlag reagierte auf diesen Umschwung, indem er schon die erste Auflage der Novelle (21. 2.: 25 000) mit einer Buchbinde versah, die das positive Rezensionszitat herausstellte. Die Broschurausgabe (152 S., 17,80 DM) war bereits nach einigen Tagen vergriffen. Schon vor dem Erstverkaufstag brachten bedeutende Zeitschriften ausführliche Besprechungen: „Die Zeit“ (24. 2.), der „Kölner Stadtanzeiger“ (25. 2.), die „Süddeutsche Zeitung“ (25. 2.) und „Der Spiegel“ (27. 2.). Ende November des gleichen Jahres kam schon die 7. Auflage (132 000) heraus, bis Ende 1980 waren 152 000 Exemplare verkauft. Aufgrund des schnellen Absatzes war der Titel während des ganzen Jahres 1978 in der „Spiegel“-Bestsellerliste vertreten und nahm bei der Jahresbewertung Platz 2 ein. Zweimal erreichte die Novelle den ersten Platz in der von 26 Kritikern festgesetzten SWF-Bestenliste.[98] Kurz gesagt: Die Novelle wurde ein Bestseller.

Der außerordentliche Verkaufserfolg ist nicht nur der literarischen Qualität, sondern auch dem werblichen Engagement des Verlages zu verdanken. Martin Walser ist „Suhrkamp-Autor“, er ist einer der bekanntesten und profiliertesten Autoren eines Verlages, der sich mit der sogenannten Suhrkamp-Kultur ein besonderes Markenzeichen erworben hat.[99] Der Verlag hob in seiner Programmvorschau den Titel besonders heraus. Am 21. Februar erschien im „Börsenblatt“ eine ganzseitige Auslieferungsanzeige und eine weitere mit Terminen der ausgiebigen Lesereise Walsers. Auch die Lesereise, die den Autor im März durch 13 Städte führte, trug – weil Walser auch sehr beeindruckend liest – zum werblichen Erfolg bei. Am 10. März veröffentlichte der Suhrkamp-Verlag eine große Anzeige im „Börsenblatt“ mit Rezensionszitaten. 32 Anzeigen in den wichtigsten deutschsprachigen Pressemedien mit gutem Feuilletonteil erschienen:[100] insgesamt doch eine beachtliche werbliche Anstrengung.

Die Werbung im Klappentext geschieht durch eine ausführliche Inhaltsangabe und eine erste Deutung des Titelsymbols. Natürlich wird der Ausgang der Segelpartie und das Ende der Novelle nicht bekanntgegeben. Der Klappentext der Taschenbuchausgabe ist kürzer und beschränkt sich auf die Wiedergabe der äußeren Handlung. Wertungen in Rezensionen sind die wichtigsten Werbeargumente. Zur Gewinnung des Buchhandels setzte der Verlag sowohl in den erwähnten Anzeigen als auch in einer aufwendigen Pressemappe eine ganze Reihe von Rezensionen ein, während bei der Leserwerbung nur zwei Rezensionszitate als eine Art Leitmotiv verwendet werden:[101] zum einen das schon zitierte Lob Ranickis, zum anderen die Wertung Achim Ayrens in der „Stuttgarter Zeitung“, „diese Geschichte könnte zu dem gehören, das einmal übrigbleibt von einem Jahrhundert“[102]. Auf die textliche Gestaltung der Werbung haben die Autoren nach Aussage des Werbechefs kaum Einfluß. Bei der Gestaltung des Buchdeckels fand Walsers Vorschlag Zustimmung, ein von seiner Tochter gemaltes Aquarell zu verwenden.[103] Während die Illustration der Suhrkamp-Ausgabe auf das Titelsymbol hinweist, zeigen die Bertelsmann-Ausgaben ein Segelboot auf dunklem Gewässer im Gegenlicht, ein Verweis auf den Höhepunkt der äußeren Handlung. Außer mit einem Bild, das Walser als den skeptischen, ernsthaften, eher zurückhaltenden Autor zeigt, wirbt der Verlag nicht mit dem Autor als Markenzeichen (etwa „der neue Walser“ etc.). Auch das Ansprechen einer sogenannten Lesergemeinde findet sich nicht. Der Taschenbuchkäufer erhält jedoch anhand einer Kurzbiographie und einer Zeittafel im Anhang der Novelle biographische Informationen. Offensichtlich setzt der Verlag diese Informationen beim Käufer der Orginalausgabe als bekannt voraus.

Die Zielgruppe der Broschurausgabe (Orginalausgabe) ist ein breites, gebildetes Publikum, während die Taschenbuchausgabe eher junge Leute und den studentischen Käufer ansprechen soll. Diese kam 1980 heraus (152 S., 5,– DM) und gelangte im gleichen Jahr mit 75 000 ausgelieferten Exemplaren in die „Spiegel"-Bestsellerliste.[104] Mit der 5. Auflage 1982 wurde das 152. Tausend erreicht. Einen „raren Ausnahmefall" bildet die Novelle auch, weil sie als anspruchsvolle Gegenwartsliteratur in das Angebot dreier Buchgemeinschaften aufgenommen wurde: des Bertelsmann-Leserings, der Schweizer Buchgemeinschaft Ex Libris und der Deutschen Buchgemeinschaft, bei der letzteren sogar als „Quartalsvorschlag". Diese Ausgaben sind rezeptionsgeschichtlich insofern von größter Bedeutung, als sie die wahren Bestseller auf dem Buchmarkt darstellen.[105] Sie erreichen oft Auflagen von mehreren Hunderttausend Stück und damit ein breites Lesepublikum ohne besondere literarische Interessen. Bertelsmann warb in erster Linie mit dem Verkaufserfolg der Orginalausgabe und sprach als Zielgruppe besonders die Älterwerdenden an, indem das Thema „Midlife-crisis" herausgestellt wurde. Verlage, die das Buch auch als Ware unter kaufmännischen Gesichtspunkten betrachten müssen, greifen auf Rezensionen und den Verkaufserfolg („Bestseller") als Werbeargumente zurück. Die dabei entstehenden Wechselwirkungen zwischen literarischer Qualität, Werbewirksamkeit, Verkaufserfolg und Rezensionswesen sind kaum mehr zu verfolgen.

Von Februar bis August 1978 erschienen in der Presse über 130 Rezensionen der Novelle.[106] Diese Flut mag durch die Lobeshymne Reich-Ranickis, durch das Vorpreschen einiger namhafter Zeitschriften, durch den Vorabdruck oder die Werbekampagne des Verlags ausgelöst worden sein. Die Literaturkritik stimmte fast einhellig in die Laudatio Reich-Ranickis ein. Reinhard Baumgart sprach von der „Quadratur des Kreises", die Walser mit der Novelle gelungen sei (Spiegel, 27. 2. 78), „eine Novelle, die mit dem Wort ‚meisterhaft' eher karg gelobt wäre", verkündete Benjamin Henrichs (Die Zeit, 24. 2. 78).

Es gab aber auch einige negative Stimmen. Provoziert durch das überschwengliche Lob großer Rezensenten, relativierten einige Kritiker das Urteil des „Meisterwerks". Schon Henrichs kritisierte das „öde Schlußkapitel", die „triviale Enthüllungsdramaturgie". Werth bemängelte die „unwahrscheinlichen Begebenheiten", im 8. Kapitel den Einsatz der Natur als „Deus ex machina", im 9. Kapitel das plötzliche Auftreten Buchs (Süddeutsche Zeitung, 25. 2. 78). Ein weiterer Kritikpunkt ist das Ungleichgewicht der beiden männlichen Hauptfiguren (vgl. S. 15 f. dieser Arbeit). Aufmerksamkeit findet in vielen Rezensionen die Form, zum einen, weil sie in der zeitgenössischen Literatur selten ist, zum anderen, weil bis dahin Walser oft Formschwäche und Breite vorgeworfen wurden. Nun wird die „Ökonomie", die „neue Straffheit" (Strech, Rheinische Post, 25. 3. 78), die „formale Strenge" (Heß, Neue Presse Coburg, 17. 5. 78) gelobt. Man bewertet damit die Novelle auch als einen persönlichen Neuanfang des Autors. Ranicki stellt diesen Punkt in seiner Hauptrezension (Walsers Rückkehr zu sich selbst, FAZ, 4. 3. 78) besonders heraus. In einigen Rezensionen wird die Literaturkritik selbst zum Thema gemacht, insbesondere der „Rückwärtssalto" Reich-Ranickis (Bachmann, Die Weltwoche, 15. 3. 78). Während einige Besprechungen kaum über mehr als eine Inhaltsangabe hinauskommen oder dem Schauplatz der Novelle – vor allem südwestdeutsche Zeitungen – das Hauptaugenmerk schenken, finden sich auch schon viele aufschlußreiche Beobachtungen und richtungsweisende Interpretationsansätze.[107] Die beiden Lebensstrategien werden herausgearbeitet, die Themen Flucht und Resignation. An der Gesellschaftskritik scheiden sich jedoch die Geister, oder zumindest sind hier unterschiedliche Schwerpunkte erkennbar. Midlife-crisis oder Krise der Gesellschaft? Mit dieser Entscheidungsfrage könnte man auch die Rezensionen ordnen.

Ein Großteil der Kritiker stellt die Erzählung als psychologische Novelle heraus. Formulierungen wie „Psycho-Studie mit Krimieffekt" (Bock, Nürnberger Nachrichten, 2. 3. 78), „Psycho-Krise während der Lebensmitte" (Schyle, Saarbrücker Zeitung, 25. 2. 78) und „Narziß wird fünfzig" (Henrichs, Die Zeit, 24. 2. 78) deuten schon auf diesen Interpretationsansatz hin. Aber auch gesellschaftliche Bezüge finden Beachtung. Die schon angesprochene Rezension von Baumgart ist hier zu nennen: Mit den beiden Fluchtstrategien komme „etwas ganz und gar Politisches zum Vorschein: ein soziales System, das keinen Lebenssinn mehr hergibt, das Halm nur noch als eine Produktion von Schein, das Buch als ein Universum des Schwindels erlebt“ (Spiegel, 27. 2. 78). Daneben finden sich Versuche, literarische Vorbilder wie *Tonio Kröger* oder *Die Wahlverwandtschaften* auszumachen, so auch Versuche, durch Vergleiche mit früheren Romanen Walsers der Novelle näherzukommen. Diese kündigen sich meist schon in den Titelformulierungen an: „Die Reise nach Philippsburg“ (Reitze, Rheinischer Merkur, 24. 3. 78), „Halbzeit am Bodensee“ (Strech, Rheinische Post, 25. 3. 78) oder „Ist Gallistl jetzt integriert?“, fragt Boie (Die Tat, 21. 4. 78). Das Spiel mit Autorenzitaten gehört darüber hinaus zum Rezensionsstil.

Walser fand den „überraschenden Erfolg seiner Novelle eher suspekt“. Das Grundthema der Novelle sei doch in seinen Romanen genauer ausgeführt und motiviert.[108] Energisch widersprach er auch der Ansicht Reich-Ranickis, dessen scharfe Kritik an seinem Roman *Jenseits der Liebe* habe ihm geholfen, „besser“ zu schreiben. An der weiteren „Rezeption“ der Novelle war Walser maßgeblich beteiligt. Für die Verfilmung schrieb er selbst mit Ulrich Plenzdorf und Peter Beauvais das Buch.[109] Letzterer führte auch Regie bei dem Juli/August 1984 im Auftrag des WDR gedrehten Fernsehfilm. Der ca. 105 Minuten lange Film – in der Besetzung mit Vadim Glowna (Helmut), Rosel Zech (Sabine), Dietmar Mues (Klaus) und Marita Marschall (Helene) – sollte am 6. November 1985 gesendet werden, wurde aber dann wegen eines Fußballspiels um einige Wochen verschoben. Ein Jahr nach den Dreharbeiten brachte Martin Walser im Juli 1985 *Ein fliehendes Pferd* auf die Bühne.[110] Er arbeitete mit dem Dramaturgen Ulrich Khuon die Novelle für das von ihm selbst mit ins Leben gerufene „Sommertheater“ in Meersburg um: Das Theaterstück beginnt mit einer Szene, in der Helmut und Sabine in ihrer Ferienwohnung auf Klaus und Helene Buch warten. Die Episode mit dem fliehenden Pferd ist gestrichen, der „Segelunfall“ aber als Handlungshöhepunkt belassen. Das Theaterstück endet mit dem plötzlichen Auftauchen Klaus Buchs nach Helenes zentralem Monolog. Das Theaterstück ging auch auf Tournee und ist bis heute in verschiedenen Städten zu sehen. Der Stoff, den Walser ursprünglich als Drama mit einem Autounfall als Handlungshöhepunkt gestalten wollte,[111] ist damit letztlich doch auf die Bühne gelangt.

Schon 1978 erschien der erste literaturwissenschaftliche Essay (Joachim Kaiser: „Martin Walsers blindes Glanzstück"), und im folgenden Jahr veröffentlichte Herbert Knorr einen Aufsatz. Im Vergleich mit Goethes „Novelle" geht Knorr vor allem der Frage des jeweiligen Gesellschaftsbezugs nach. Weitere Aufsätze erschienen zu Beginn der achtziger Jahre. Schon bald wurde die Novelle auch als Schullektüre gelesen, und es steht zu erwarten, daß die Schule Walsers Novelle – wie andere Kurzprosa – auch zum „heimlichen Klassiker"[112] machen wird.

Unterrichtshilfen

1
Didaktische Relevanz

Die Novelle, überschaubar in Umfang, Thematik und Konstruktion, bietet sich als Unterrichtsgegenstand geradezu an. Ihre Lektüre sollte aber aufgrund der anspruchsvollen Problematik der Oberstufe (11/II oder 12/I) vorbehalten bleiben. Die Novelle kann, von Stil und Thematik aus betrachtet, als exemplarisch für Walsers Werk nach 1975 gelten. Sie ist ein Stück Gegenwartsliteratur. Eine Aufgabe des Literaturunterrichts, den Schüler zur Teilhabe am literarischen Gespräch zu befähigen,[113] kann mit ihr gut geleistet werden: Zum einen hat sie besondere Aktualität dadurch gewonnen, daß Halm in Walsers bisher letztem Roman wieder als Hauptfigur erscheint, zum anderen, daß die Schüler anhand der Novelle mit literaturaffinen Fragestellungen wie Rezeption, Vermarktung, Literaturkritik etc. vertraut gemacht werden können. Zudem scheint gerade in letzter Zeit die Form der Novelle (Süskind, Schneider, Walser) eine neue Renaissance zu erleben. Die Novelle gibt aber auch die Möglichkeit, durch Vergleich mit Novellen des 19. Jahrhunderts die historische Dimension einer Gattung zu erschließen. Darüber hinaus lassen sich an ihrer Form generelle Einsichten zur Erzählkonstruktion, zu Motivgeflecht, Stil etc. vermitteln. Ihre zentralen Aussagen und Probleme können als repräsentativ für die Gegenwartsliteratur gelten. Auch wenn der psychologische Hintergrund der „Midlife-crisis“ keinen unmittelbaren Bezug zu den Schülern hat, ergeben sich doch mit der Darstellung der beiden Lebensstrategien existentielle Fragestellungen, die auch für den Schüler wichtig und interessant sein können.

2
Lernvoraussetzungen und Einbettung in übergreifende Sequenzen

Als wünschenswerte Voraussetzung sollte die Form der Novelle aus der Mittelstufe bekannt sein, damit diese nicht erst induktiv erarbeitet werden muß. An die Gegenwartsliteratur sollten die Schüler zumindest durch Kurzprosa herangeführt worden sein. Methodische Kenntnisse der Interpretation und der Charakteristik sind notwendig, bei einer geplanten Vertiefung der Thematik „Kommunikation“ auch die Begrifflichkeit Watzlawicks (s. Anm. 54). Die vorgeschlagene Unterrichtsreihe setzt eine angemessene Textkenntnis voraus: Die Schüler sollten eine Vorstellung von den handelnden Personen und vom Zeitraum der Handlung haben. Sie sollten die Handlung lokalisieren und den Handlungsverlauf eines exemplarischen (handlungsstarken) Kapitels (6,8) wiedergeben können.

Die Unterrichtsreihe kann in eine Sequenz zur Gattung „Novelle" und deren Geschichte eingebunden werden oder in eine literaturgeschichtliche Sequenz wie „Literatur nach 1945" oder „Literatur der siebziger Jahre" etc. Für eine längere Autorenreihe, die Walser als einen Schriftsteller der Gegenwart vorstellt, bieten sich neben der Novelle Walsers frühe Kurzgeschichten und ein Roman aus der *Kristlein-Trilogie* an. Publizistische Texte Walsers müßten mit einbezogen werden. Über Referate kann die Novelle thematisch mit dem Roman *Brandung*, formal mit der ungleich komplizierter aufgebauten Novelle *Dorle und Wolf* verglichen werden. Die Verknüpfung mit Sequenzen wie „Literatur und Film", „Probleme der literarischen Wertung und der Rezeption" oder „Sprachliches Handeln als kommunikatives Problem" sind ebenfalls denkbar.

3
Zur methodisch-didaktischen Literatur

Die didaktische Literatur bietet verschiedene Möglichkeiten des Einstiegs und Aufbaus einer Unterrichtsreihe zur Novelle. Der von Rank[114] vorgeschlagene textexterne Ansatz, vom Problembewußtsein für das Thema der Novelle ausgehend den Erwartungshorizont und im folgenden Leitfragen für die Lektüre von den Schülern formulieren zu lassen, kann nur bedingt auf Walsers Novelle übertragen werden. Die Problematik liegt nicht so auf der Hand wie bei der von Rank herangezogenen Novelle Kellers *(Kleider machen Leute)*. Allenfalls ließe sich vom Thema „Flucht vor Schwierigkeiten und eigenen Mängeln" ausgehen. Die kapitelweise, textimmanente Interpretation ist zwar möglich, aber wenig attraktiv. Ulshöfer schlägt eine Aufbauskizze, Nündel die Deutung einer Gelenkstelle als Ausgangspunkt vor.[115] Bei Walsers Novelle bietet sich auch das Titelsymbol als Einstieg an. Die letzten Vorschläge setzen voraus, daß der gesamte Text bereits von den Schülern gelesen wurde.

4
Verlaufsplan

Die folgende, in der Unterrichtspraxis bewährte Unterrichtsreihe geht praktisch von einem doppelten Einstieg aus. In der ersten Unterrichtseinheit werden gemeinsam mit den Schülern ein Schaubild (s. S. 97) zur zeitlichen und örtlichen Struktur der Novelle entwickelt sowie im Vergleich mit einem Sekundärtext (s. Anm. 115) die Formmerkmale der Novelle zusammengetragen. Die Handlungskurve kann als Arbeitshypothese eingetragen werden. Die folgende Kerneinheit betrachtet zunächst die männlichen Hauptfiguren. Ansatzpunkt ist hier das Mittelpunktsereignis im 8. Kapitel. Die Frage „Wie konnte es zu dem Geschehen kommen?“ bildet den Spannungsbogen bis zur Integrationsstunde der Teileinheit. Schrittweise erschließt sich der entstehende Antagonismus der männlichen Figuren, ihre Charaktere und Handlungsmotive. Die Betrachtung der Frauenfiguren und literaturaffine Fragestellungen schließen sich in weiteren Teileinheiten an.

In der vorgeschlagenen Unterrichtsreihe zum *Fliehenden Pferd* soll der Schüler erkennen, daß hinter den gegensätzlichen Männerfiguren zwei grundsätzliche, psychisch-biologisch und gesellschaftsbedingte Lebensstrategien stehen, die Walser hier vergleicht und der Bewertung freigibt. Der Schüler soll am Ende der Reihe nach Möglichkeit ein differenziertes Bild dieser Lebensstrategien, der Frauenfiguren und der beiden Ehesituationen haben. Darüber hinaus sollten dem Schüler die literarischen Strukturen – vor allem die Motivtechnik – und der Zusammenhang von Novellenform und Antagonismus deutlich werden. Die Zielsetzung der Reihe ließe sich je nach Schwerpunkt noch um literaturaffine Fragestellungen erweitern.

Die folgenden Angaben zum Unterrichtsverlauf und zu den Unterrichtsformen wie Gruppenarbeit (GA), Lehrvortrag (LV), Unterrichtsgespräch (UG) und Kurzreferat (KRef) können in dieser knappen Form natürlich nur eine grobe Orientierung geben. Die Fragestellungen und Arbeitsaufträge sind den Phasen zugeordnet und die vorbereitenden Hausaufgaben der Stunde, in der sie „abgefordert“ werden. Die Grundreihe umfaßt 15 Stunden. Für einen Leistungskurs (LK) oder für eine vertiefende Behandlung des einen oder anderen Themas in einem Grundkurs müssen bis zu 20 Stunden eingeplant werden. Nicht zuletzt wäre es auch möglich, die Reihe durch eine Unterrichtseinheit zu erweitern, die Text und Verfilmung vergleicht, insofern der Fernsehfilm auf Videokassette greifbar ist. Denkbar ist auch ein Vergleich von Theaterstück und Novelle.

Verwendete Abkürzungen:

TA = Tafelanschrift
GA = Gruppenarbeit
GK = Grundkurs
HA = Hausaufgabe
KRef = Kurzreferat
LK = Leistungskurs
LV = Lehrervortrag
Ref = Referat
SV = Schülervortrag
UG = Unterrichtsgespräch

a) *Zeitplan, Handlungsstruktur und Form der Novelle (Doppelstunde)*

Gegenstand	Gesamte Novelle, Sekundärtext zur Gattung Novelle
Didaktische Aspekte	Rekonstruktion der formalen Struktur (Zeit, Handlung, Ort) der Novelle und Überprüfung der allgemeinen Gattungskriterien am Text
Unterrichtsverlauf	UG/TA_1 Zusammenfassung der Ergebnisse der vorbereitenden Hausaufgabe (a–c) UG/TA_2 Erarbeitung: Verhältnis von erzählter Zeit und Erzählzeit EA Arbeitsblatt „Novelle" (s. Anm. 115): Kenntnisnahme und Überprüfung der Formkriterien am Text UG Auswertung der Einzelarbeit
Methodische Hilfen/ Impulse	a) Stellen Sie einen Zeitplan auf, und setzen Sie Kapitel, Seitenzahlen und Tage in Beziehung. b) Ist beim Erzählen das Prinzip der Chronologie gewahrt? Nennen Sie beispielhafte Textstellen für die Techniken der Raffung, Dehnung und Aussparung. c) Wo spielen die einzelnen Kapitel hauptsächlich? (s. Arbeitsblatt S. 101 f.) Ist dabei ein Prinzip der Erzählkonstruktion erkennbar? d) Aus welcher Perspektive wird die Novelle erzählt? e) Welche Merkmale der klassischen Novelle erfüllt Walser mit seiner Novelle? *LK/Vertiefung:* d′) Untersuchen Sie die Textstelle (22.2–23.13) daraufhin, wie der Leser hier etwas erfährt. (Vermittlungsmodi: direkte Rede, Erzählbericht, erlebte Rede) e′) Warum hat der Autor wohl auf diese Form zurückgegriffen?
Hausaufgabe	Vorbereitend: Fragen a–c

b) *Die Motivierung der Tat und die Persönlichkeit des „Täters" (1 Stunde)*

Gegenstand	S. 115.19 bis 123, 1. Kap.
Didaktische Aspekte	Untersuchung und Bewertung des Mittelpunktereignisses und erste Charakterisierung der Figur Halm; Aufbau einer Fragehaltung für die Teileinheit
Unterrichtsverlauf	UG Einstieg, problemorientiert (a) UG/TA_3 Klärung und Bewertung des Ereignisses (a/b) SV/TA_4 Kurzcharakterisierung der Figur Halm (c) UG Ausblick auf Fortgang der Unterrichtseinheit

Methodische Hilfen/ Impulse	a) Stellen Sie sich vor, Halm werde aufgrund der Vorkommnisse auf dem Bodensee angeklagt und Sie müßten ihn verteidigen: Was geschieht überhaupt? (115.19 ff.) Wie ist das Geschehen zu erklären und zu bewerten: unglücklicher Zufall oder schuldhaftes Verhalten? Notwehr, Totschlag- oder Mordversuch? (s. Arbeitsblatt, S. 102) Welche Indizien sprechen für, welche gegen Halm? Wie bewertet er selbst das Geschehen? b) Wie konnte es dazu kommen? Läßt sich eine Erklärung in der Person Halm finden? c) Wie verhält sich Helmut im 1. Kapitel? Was denkt er über seine Beziehung zu den Mitmenschen?
Hausaufgabe	Vorbereitend: Anfertigung einer Kurzcharakteristik Halms auf der Grundlage des 1. Kapitels

c) *Der Beginn des Gegensatzes: Erinnerung (1 Stunde)*

Gegenstand	Kapitel 2 und 3
Didaktische Aspekte	Erarbeitung der jeweiligen Haltung der beiden Hauptpersonen zu Erinnerung und Vergangenheit; Erarbeitung eines Motivgeflechts
Unterrichtsverlauf	HA/UG/ TA_5 Zusammenfassung und Vertiefung der vorbereitenden Hausaufgabe (a) UG Erarbeitung der Ursachen der Haltung (b) UG Diskussion und Vergleich mit eigenen Erfahrungen (c)
Methodische Hilfen/ Impulse	a) Untersuchen Sie die Kap. 2 und 3 unter dem Aspekt der „Erinnerung“! Woran erinnert sich Klaus Buch, woran Helmut Halm? Wie beschreibt Halm sein Erinnerungsvermögen und sein Verhältnis zur Vergangenheit? b) Wie erklärt sich der „Gedächtnisschwund“ Helmut Halms? c) Vergleichen Sie die Haltung der beiden Personen mit eigenen Erfahrungen! *LK/Vertiefung:* b') Interpretieren Sie die Textstelle S. 29.18–22, und reflektieren Sie von hier aus noch einmal Halms Haltung zur Vergangenheit.
Hausaufgabe	Vorbereitend: Frage a) Nachbereitend: Erarbeitung einer Motivliste (Stellenangabe/Kurzzitate/Kontext stichwortartig) zum Thema Erinnerung

d) *Die Verschärfung des Gegensatzes: Sexualität (1 Stunde)*

Gegenstand	S. 48, 50–52, 97 und S. 64–73
Didaktische Aspekte	Erkenntnis der unterschiedlichen Einstellungen zur Sexualität als einer Ursache des Konfliktes
Unterrichtsverlauf	LV Informierender Einstieg, Aufgabenstellung GA stoffteilig, A und B (a) UG Integration: Vergleich der beiden Haltungen, Erörterung ihrer Bedeutung (b)
Methodische Hilfen/ Impulse	a) A: Untersuchen Sie die Textpassage S. 64.28–73.19. Welches Problem wird hier angesprochen? Woran erinnert sich Helmut, und wodurch werden die Erinnerungen ausgelöst? Was bedeutet Sexualität „heute" für ihn, und wie reagiert er auf seine Situation? B: Untersuchen Sie die Textstellen S. 48, 50–52, 97. Was bedeutet Sexualität für Klaus? Wie mag er mit seiner Haltung auf Helmut wirken? b) Vergleichen Sie Helmuts Haltung zur Sexualität mit der Klaus Buchs. Welche Bedeutung haben die unterschiedlichen Einstellungen für das Verhältnis der beiden Männer? *LK/Vertiefung:* b′) Betrachten Sie die Haltung der beiden Männer auf dem zeitgeschichtlichen Hintergrund der sechziger und siebziger Jahre („sexuelle Befreiung", „Sexualkonsumgesellschaft" etc.)!

e) *Die Zuspitzung des Gegensatzes: Naturbeherrschung und das Symbol des fliehenden Pferdes (Doppelstunde)*

Gegenstand	6. Kapitel/gesamte Novelle
Didaktische Aspekte/ Lernziele	Erkenntnis des Gegensatzes der männlichen Hauptfiguren in ihrem Verhältnis zur Natur; Deutung des Zentralsymbols und Bestimmung seiner Funktion für die Erzählkonstruktion
Unterrichtsverlauf	UG Aufbau einer Fragehaltung, Buchs Verhältnis zur Natur (Stoffsammlung) (a) UG Das Verhalten der beiden Männer auf der Wanderung, Halms Verhältnis zur Natur (b, c) HA/SV Die Motivkette „Flucht" und seine Bedeutung für die Erzählkonstruktion, Vergleich mit anderen Motivketten (s. „Erinnerung") UG/TA_6 Die Deutung des Zentralsymbols, Bestimmung seiner Funktion für die Novelle

Methodische Hilfen/ Impulse	a) Am Ende der Novelle urteilt Helene über ihren Mann: „Der Natur gegenüber war er immer mutig, einfallsreich, unbesiegbar ..." (137 f.). Können Sie diese Einschätzung bestätigen und ggf. mit Textstellen belegen? b) Helmut sollte die Gruppe auf der Wanderung führen. Verfolgen Sie, wer auf der Wanderung die Führung übernimmt, wie sich die Dominanzverhältnisse in der Gruppe gestalten. c) Charakterisieren Sie, vom 6. Kapitel ausgehend, Helmuts Verhältnis zur Natur. Kann ein Bezug vom Befund Ihrer Interpretation zur Erzählkonstruktion (s. TA_1) hergestellt werden? d) *„Angriffe"*: „Die griffen ihn ununterbrochen an. Beide." u. a. 12.10–13, 24.9 f., 31.1–3 u. 9–11, 32.14–18, 33.17, 33.22 ff., 35.8–11, 40.1–4, 41.14–18, 42.11–16, 56.8–12 u. 26 f., 57.5–8, 61.28 ff., 64,.26 f., 77.10 f., 79.18–20, 93.2–11, 102.4 f., 112.23 ff., 117.8, 118.20 f. Warum fühlt sich Helmut angegriffen? Überprüfen und systematisieren Sie die ausgewählten Situationen. *„Fluchtmotive"*: „Jetzt blieb ihm nur noch die Flucht." u. a. 12.28, 13.11 f., 21.25–28, 24.5–10, 26.10 f. u. 16 f., 37.9 f., 40.15–18, 48.20–23, 49.6 f., 56.1 f. u. 24, 66.15, 79.25, 81.15–25, 86.27 bis 87.3, 88–91, 93.1–5, 102.3 f., 103.5 f., 137.4 f., 139.18 f., 111.7 f., 121. Verfolgen Sie das Fluchtmotiv. Stellen Sie dar, was jeweils die Flucht(gedanken) auslöst! e) Interpretieren Sie die Szene mit dem fliehenden Pferd! Wovor flieht Helmut, wovor Klaus? Können Sie die „Fluchtrichtung" der beiden bestimmen? *LK/Vertiefung:* d') Bestimmen Sie die Funktion der Motivtechnik und des Titelsymbols für die Gattung „Novelle".
Hausaufgabe	Vorbereitend: Arbeitsauftrag d)

f) *Der Ausbruch des Konflikts und seine Folgen (Doppelstunde)*

Gegenstand	8. und 9. Kapitel
Didaktische Aspekte	Deutung der Abwehrreaktion Halms auf dem Hintergrund der gesamten Vorgeschichte und der „Rede" Buchs, Deutung des Verhaltens der Hauptperson am folgenden Tag (9. Kap.)
Unterrichtsverlauf	HA/UG Buchs Verhalten während der Bootsfahrt (a/b) UG/TA_7 Vertiefende Deutung der „Tat" (c) GA Halms Verhalten am folgenden Tag (d/e) UG Auswertung der Gruppenarbeit

Methodische Hilfen/ Impulse	a) Untersuchen Sie Buchs „Monolog" vor dem Ausbruch des Sturms. (s. Klausurvorschläge) b) Wie ist Klaus Buchs Verhalten während des Sturms zu erklären? c) Interpretieren Sie noch einmal unter Einbeziehung der Textstelle S. 123.8–11 und der weitergehenden Vorgeschichte die Reaktion Halms, seine „Tat". d) Beschreiben und deuten Sie Helmuts Verhalten am folgenden Tag. Warum fühlt er sich plötzlich von allen Seiten angegriffen? e) Helmut glaubt nach der Tat, einen nicht wiedergutzumachenden Fehler begangen zu haben (S. 122.22 ff.). Zeigen Sie verschiedene Interpretationsmöglichkeiten auf, und beziehen Sie die Textstellen 123.8 ff., 128.23 bis 129.21, 146.25 bis 147.5 mit ein. Welches Motiv taucht hier zum Teil auf? *LK/Vertiefung:* c') Setzen Sie sich mit der These A. WAINES auseinander (s. S. 35), daß Klaus Buchs Verhalten während des Sturms auch als Angriff auf Halms Männlichkeit zu interpretieren sei.
Hausaufgabe	Verteilung von KRef, Charakterisierung einer der beiden Frauenfiguren (s. u.)

g) *Integrationsstunde: Der Antagonismus der männlichen Hauptfiguren (1 Stunde)*

Gegenstand	Gesamte Novelle
Didaktische Aspekte	Zusammenfassung der Ergebnisse der Teileinheit; Erkenntnis des grundsätzlichen Antagonismus der beiden Lebensstrategien, Vergleich und Bewertung der Strategien
Unterrichtsverlauf	UG/TA_1 Reflexion der Vorgehensweise und Methodik (metaunterrichtliche Phase) (a/b) UG/TA_8 Die beiden Lebensstrategien (c–e) UG Diskussion: Bewertung der beiden Lebensstrategien (f)
Methodische Hilfen/ Impulse	a) Reflektieren Sie noch einmal – rückblickend auf die letzten Stunden – Thematik und Vorgehensweise der Unterrichtseinheit. Welche alternativen Vorgehensweisen wären auch möglich gewesen? b) Betrachten und deuten Sie noch einmal rückblickend die Handlungskurve. c) Welche Gegensätze werden dem Leser nach und nach bewußt? (TA/I u. II)

	d) Wie wird Helmut mit seiner Unterlegenheit fertig? Beziehen Sie den Satz „Nur durch Zustimmung kommst du weg“ (87) in Ihre Überlegungen mit ein! (TA/III) e) Helmuts Art, mit dem Leben fertig zu werden, könnte man allgemein als „Lebensstrategie“ oder „Lebensbewältigungsstrategie“ bezeichnen (auch induktiv zu erarbeiten). Was hat Klaus Buch zu bewältigen (vgl. Monolog Helenes)? f) Vergleichen und bewerten Sie die beiden „Lebensstrategien“. Welche Strategie wird der Autor favorisieren (vgl. Motto)? *LK/Vertiefung:* f') Interpretieren Sie die beiden Strategien unter Einbeziehung des philosophischen Hintergrundes (11, 23, 25, 109, 124f.; 10, 21, 128, 147, Motto). Voraussetzung: Orientierung über die Philosophie Nietzsches und Kierkegaards im LV oder anhand von Sekundärtexten.
Hausaufgabe	s. o. S. 92

h) *Die Frauenfiguren (1 Stunde)*

Gegenstand	Rezensionszitate, gesamte Novelle
Didaktische Aspekte	Erarbeitung der Charaktere und Bedeutung der Frauenfiguren in der Novelle
Unterrichtsverlauf	UG Problemorientierter Einstieg (a) UG/HA Charakterisierung der Frauen (b) UG Befreiung oder Unterordnung (c)
Methodische Hilfen/ Impulse	a) Textgrundlage s. S. 103: Nehmen Sie Stellung zu dem hier angesprochenen Fragenkomplex. Begründen und belegen Sie Ihre Meinung. b) Wie werden die Frauen in der Novelle dargestellt? Welche Bedeutung haben sie für ihre Männer? c) Befreiung oder Unterordnung? Verfolgen Sie, wie sich Helene und Sabine mit der jeweiligen Ehesituation auseinandersetzen.
Hausaufgabe	s. o. S. 92

i) *LK/Vertiefung: Analyse exemplarischer Kommunikationssituationen (Doppelstunde)*

Gegenstand	Gesamte Novelle, exemplarische Stellen (s. u.)
Didaktische Aspekte	Untersuchung der Beziehungen mit Hilfe der Begrifflichkeit WATZLAWICKs

Unterrichtsverlauf	HA GA UG UG/HA	Analyse der „analogen Kommunikation" stoffteilig (A und B): Untersuchung exemplarischer Kommunikationssituationen (a) Auswertung der Gruppenarbeit Bewertung der Kommunikationsverhältnisse (b/c)
Methodische Hilfen	a) Untersuchen Sie den „Inhalts-" und „Beziehungsaspekt", die „Symmetrie" oder „Komplementarität" der Kommunikation in folgenden Textstellen: A: S. 16.22–18.11, 35.18–36.2 B: S. 85.11–86.11, 97.9–28, 140.21–28 b) Kann man von einem offenen und vorbehaltlosen Umgang der Personen miteinander sprechen? c) Verändern sich am Schluß die Kommunikationsverhältnisse?	
Hausaufgaben	Vorbereitend: – Sammeln und deuten Sie Situationen der „analogen Kommunikation" (Gesten, Berührungen, Mimik etc.). – Verfolgen Sie das Motiv der „Lüge" und des „Schwindels".	

j) *Integrationsstunde: Midlife-crisis oder Krise der Gesellschaft? (1 Stunde)*

Gegenstand	Exemplarische Textstellen (s. u.), Fachtext (s. S. 104 f.)	
Didaktische Aspekte	Erkenntnis der psychisch-biologischen und gesellschaftlichen Bedingungen der Lebensstrategien	
Unterrichtsverlauf	LV UG/HA UG UG	Vortrag der Antithese anhand zweier Rezensionszitate (s. S. 103) Die Thematik des Alterns (a/b) Die Rolle der Gesellschaft (c) Abschließende Bewertung (d)
Methodische Hilfen/ Impulse	a) Verfolgen Sie das Motiv des Alterns (14, 40, 47, 99 ff., 106, 133, 140). Wie reagieren Klaus und Helmut, wie reagieren Sabine und Helene (in ihrer Einstellung zu Klaus) auf das Altern? b) Ziehen Sie den Fachtext von ANGERMEIER hinzu. Welche Parallelen zur Novelle tun sich auf? Erfüllen die männlichen Hauptpersonen ihre „sozialen Lebensaufgaben"? c) Welche Rolle spielt die „Gesellschaft" in der Novelle (37 f., 68 f., 137–139)? d) Diskussionsthema: Psychologische Novelle oder politische Erzählung? *LK/Vertiefung:* c') Woran wird erkennbar, daß die Novelle in der zweiten Hälfte der siebziger Jahre spielt?	
Hausaufgabe	Vorbereitend: a) und b)	

k) *Walser und die Novelle (1 Stunde)*

Gegenstand	Interview (s. S. 105 ff.)
Didaktische Aspekte	Der biographische Hintergrund der Novelle; Einordnung der Novelle in Walsers Gesamtwerk
Unterrichtsverlauf	KRef Biographie und Gesamtwerk Walsers (a) (Literatur s. Anm. 79) HA/UG Analyse des Interviews (b) UG Bedeutung einer „Autoreninterpretation" (c)
Methodische Hilfen/ Impulse	a) Sind einige biographische Parallelen zur Novelle erkennbar? b) Welche Themen schneidet der Interviewer an, und welches Ziel verfolgt er? Wie reagiert Walser auf seine Fragen? c) Diskussionsthema: Bleibt es dem Schriftsteller vorbehalten, die „letztgültige" Interpretation zu liefern? *LK/Vertiefung:* a') Referatthema: Was hat der Roman *Brandung* mit der Novelle zu tun? Welche Unterschiede, welche Ähnlichkeiten fallen auf? Bekommt der Leser im Roman ein anderes Bild von Helmut (Sabine)? Trägt der Roman zum besseren Verständnis der Novelle etwas bei?
Hausaufgabe	Vorbereitend: b)

l) *Die Novelle auf dem Buchmarkt und in der Literaturkritik (Doppelstunde)*

Gegenstand	Suhrkamp-Anzeige (s. S. 107), Rezension von Günter ZEHM (s. S. 108 f.)
Didaktische Aspekte	Betrachtung der Novelle unter wirtschaftlichen Gesichtspunkten, Rezeptionsgeschichte
Unterrichtsverlauf	LV Die Stationen der Veröffentlichung (s. S. 79 ff.) UG/HA Analyse einer Werbeanzeige (b) UG/HA Untersuchung und Bewertung einer Rezension (c) UG Die Funktion der Literaturkritik
Methodische Hilfen/ Impulse	a) Welche Rolle übernimmt der Verlag bei der Veröffentlichung eines Buches? b) Analysieren Sie Werbeargumente und Gestaltung der Anzeige. An wen wendet sie sich? c) Beschreiben Sie den Aufbau und die Argumentation der Rezension von Günter ZEHM. Stützen oder widerlegen

	Sie seine Argumente aus Ihrer Textkenntnis heraus. Geben Sie Belegstellen an. d) Welche Funktion haben Besprechungen: für den Leser, für den Autor, für den Verlag? *LK/Vertiefung:* d') Diskussionsthema: Was macht ein Buch zu einem Bestseller?
Hausaufgabe	Vorbereitend: c)

5
Klausurvorschläge mit Erwartungshorizont

a) Analysieren Sie den Textabschnitt aus der Novelle *Ein fliehendes Pferd*, S. 36.3 bis 38.12, unter Berücksichtigung folgender Aspekte: 1. Einordnung der Stelle in den Handlungszusammenhang, 2. Deutung des Briefes und seiner Funktion für Helmut und für den Leser, 3. Deutung und Bewertung seines Verhaltens und seiner Haltung mit Hilfe paralleler Stellen der Novelle.
In dieser Textstelle wird die Thematik der „Erinnerung" angesprochen, Helmuts „Schein-Produktion" weiter aufgedeckt, sein Wunsch nach Rückzug und Distanz weiter entwickelt. Das Fluchtmotiv und seine Bedeutung für die Novelle und die gesellschaftliche Dimension können selbständig erarbeitet werden. Der Bezug zum Gesamttext soll dadurch gewährleistet sein, daß die Schüler Parallelstellen anführen können und die „Intention" des Briefes aus dem Handlungszusammenhang erklären müssen.

b) Analysieren Sie den Textabschnitt S. 106.5 bis 115.18 unter Berücksichtigung der folgenden Aspekte: 1. Ordnen Sie das Geschehen in den Handlungszusammenhang ein. 2. Beschreiben und deuten Sie Klaus Buchs Einstellung zum Leben (Wortwahl). 3. Wie stellt Klaus Buch sein Verhältnis zu Helmut dar? Bewerten Sie seine Pläne. 4. Untersuchen und deuten Sie die Rolle der Natur in diesem Textabschnitt.
Buchs Lebensstrategie im Vergleich zu der Halms soll hier herausgearbeitet werden. Zu beantworten ist auch die Frage, inwieweit Buchs Monolog die überraschende Wende erklären kann. Die vierte Teilfrage zielt auf die sympathetische Funktion der Natur ab. Von hier aus ist auch eine Einbeziehung der Erarbeitung des 6. Kapitels möglich.
Über diese beiden Vorschläge hinaus können auch einzelne Fragestellungen der Stundenvorschläge als Grundlage einer Klausur dienen. Für eine Abschlußklausur bietet sich auch die Analyse der Rezension von Zehm (s. S. 108 f.) an.

Tafelbild 1: Ort, Zeit und Handlungsverlauf

Sonntag (1)			Montag (2)		Dienstag (3)		Mittwoch (4)	Donnerstag (5)
Nachm.	Nachm.	Abend – Nacht	15.00 h Nachm.	20.30 h Abend – Nacht	9.00 h Morgen	20.30 h Abend – Nacht	14.30 h Nachm. – Abend?	Morgen – Abend
1	**2**	**3**	**4**	**5**	**6**	**7**	**8**	**9**
Strandpromenade		„Hecht“/ „Zuhause“	Boot	Weinstube/ „Zuhause“	Wanderung	Hotel	Boot	„Zuhause“
A		**I**	**A**	**I**	**A**	**I**	**A**	**I**

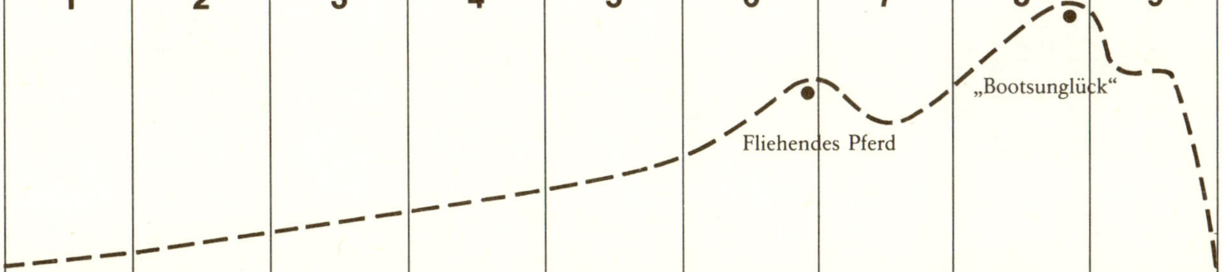

Tafelbild 2

Das Verhältnis von erzählter Zeit und Erzählzeit/Lesezeit (in Seiten)			
	etwa		etwa
SO	½ Tag	3 Kapitel / 30 Seiten	60 S./Tag
MO	½ Tag	2 Kapitel / 36 Seiten	72 S./Tag
DI	1 Tag	2 Kapitel / 30 Seiten	30 S./Tag
MI	½ Tag	1 Kapitel / 19 Seiten	38 S./Tag
DO	1 Tag	1 Kapitel / 28 Seiten	28 S./Tag

(Eine tendenzielle Konzentration der erzählten Zeit ist erkennbar.)

Tafelbild 3

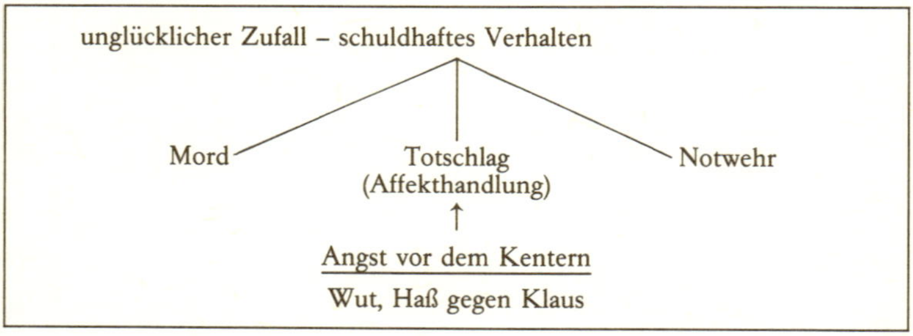

Tafelbild 4

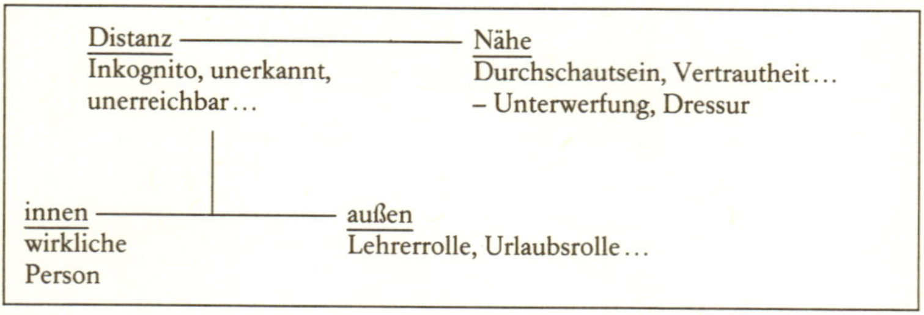

Tafelbild 5

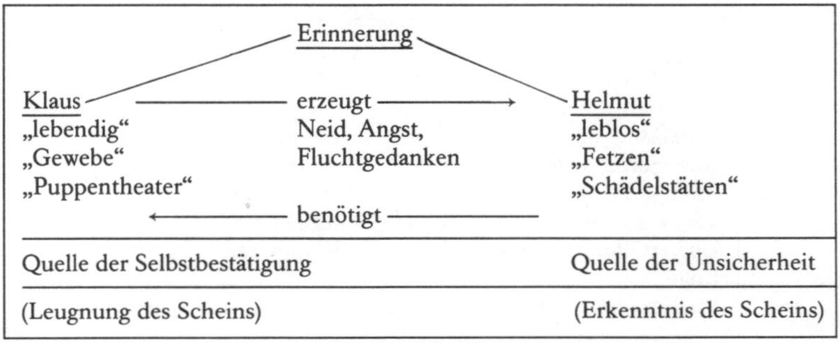

Tafelbild 6

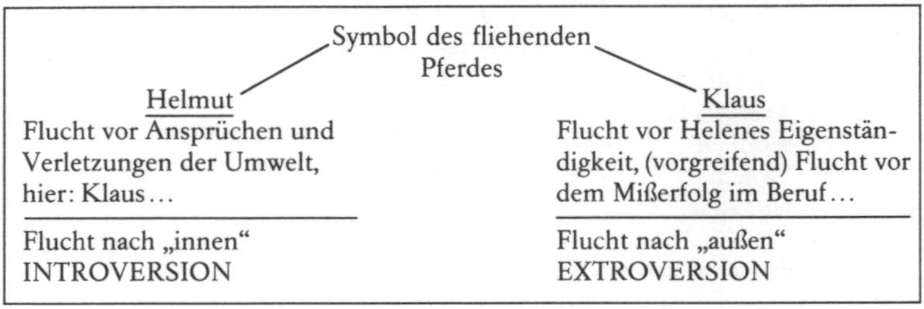

Tafelbild 7

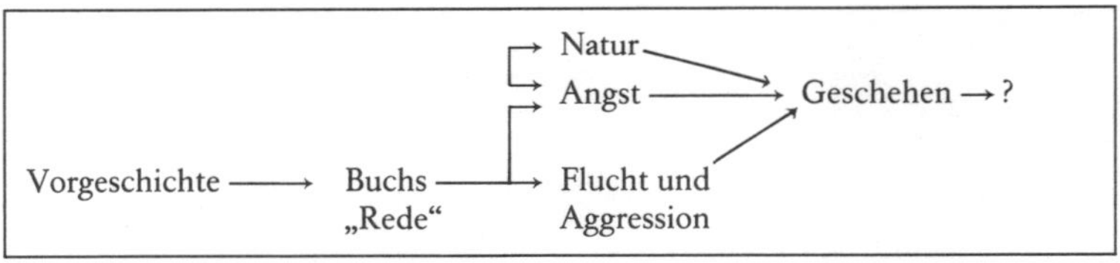

Tafelbild 8: Lebensstrategien

Helmut
„Nur durch Zustimmung kommst du weg" (87)

Auskosten des Abgestorbenseins	←	Gefühl des Alterns „lebensuntüchtig"
„blutige Trägheit"	←	unsportlich
Verweigerung	←	sexuelles „Versagen"
Übererfüllung dieser Rolle	←	Kleinbürger
Rückzug nach innen	←	der Natur unterlegen
III		I

INTROVERSION
Flucht nach innen

Klaus
„An jedem Schwindel partizipieren" (85)

Jugendlichkeit	←	Angst vor dem Altern, vor Verdummung, berufliche Erfolglosigkeit, Isolation
lebenstüchtig	←	
sportlich	←	
Virilität	←	
Jet-Setter	←	
die Natur beherrschend	←	
II		IV

EXTROVERSION
Flucht nach außen

Baedekers BODENSEE

KOMPAKT-REISEFÜHRER
MIT 2 ÜBERSICHTSKARTEN, 4 STADTPLÄNEN,
GRUNDRISS, 3 TABELLEN UND 7 ZEICHNUNGEN
Stuttgart 1977, 33–39

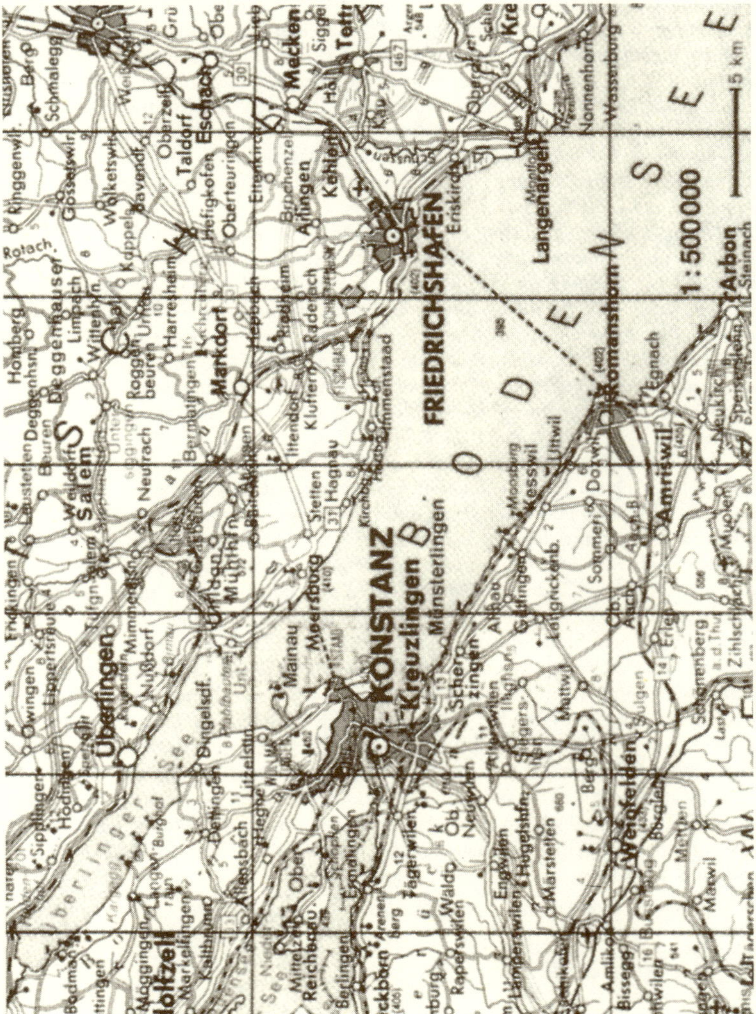

Mat. 2

I. **Vorsätzliche Tötungsdelikte**: **1.** *Mord* (§ 211 StGB) ist die vorsätzliche Tötung, bei der der Täter besonders verwerflich handelt. Die Fälle des verwerflichen Handelns zählt § 211 II StGB auf: a) Handeln aus *niedrigen Beweggründen,* wobei Mordlust, Befriedigung des Geschlechtstriebs, Habgier als gesetzliche Beispiele aufgeführt sind, wozu aber alle Beweggründe gehören, die als Tötungsmotive nach allgemein sittlicher Anschauung verachtenswert sind und auf tiefster Stufe stehen z.B. Rachsucht, triebhafte Eigensucht, Rassenhaß; b) *Heimtücke* (Ausnutzung der Arg- und Wehrlosigkeit des Opfers), Grausamkeit (Zufügung besonderer Schmerzen aus gefühlloser Gesinnung) oder T. mit einem gemeingefährlichen Mittel (z.B. Brandstiftung); c) T., um eine andere *Straftat zu verdecken* (z.B. T. des Beraubten, um ihn als Tatzeugen zu beseitigen) oder zu *ermöglichen* (z.B. Erschießen eines Wachpostens, um stehlen zu können). Der Mörder wird mit lebenslanger Freiheitsstrafe bestraft. Eine →Verjährung ist durch § 78 II StGB ausgeschlossen.

4. *Totschlag* (§ 212 StGB) sind alle Fälle der **vorsätzlichen** T., die nicht unter 1–3 fallen. Die Regelstrafe (mindestens 5 Jahre Freiheitsstrafe) ist in besonders schweren Fällen lebenslänglich. (...)

Notwehr ist ein →Rechtfertigungsgrund. N. ist diejenige Verteidigung, die erforderlich ist, um einen gegenwärtigen, rechtswidrigen Angriff von sich oder einem anderen abzuwehren (§ 32 II StGB). Die Notwehrlage setzt voraus: 1. Einen *Angriff* auf geschützte Rechtsgüter (z.B. Leben, Freiheit, das Recht auf die Intimsphäre, Eigentum, Besitz). 2. Der Angriff muß von einem Menschen (str.! nach a.A. genügt ein Tier) ausgehen. 3. Der Angriff muß *gegenwärtig* sein, d.h. er muß unmittelbar drohen oder jedenfalls fortbestehen, darf aber nicht schon abgeschlossen sein. 4. Der Angriff muß *rechtswidrig* sein, also der Rechtsordnung widersprechen.

Die Verteidigungshandlung erfordert: 1. Sie muß zur Abwehr des Angriffs erfolgen. Die Abwehr kann auch in einem Gegenangriff (sog. *Trutzwehr,* im Gegensatz zur *Schutzwehr*) bestehen. 2. Sie muß sich gegen den Angreifer richten. 3. Sie muß zur Abwendung des Angriffs *erforderlich* sein. Die Abwehrhandlung hat sich deshalb nach Art und Schwere des Angriffs zu richten. Auf N. kann sich z.B. nicht berufen, wer Kinder aus seinem Garten mit Steinen vertreibt, wer den Beleidiger erschießt. Verboten ist die *rechtsmißbräuchliche* Verteidigung und auch die, bei der der angerichtete Schaden außer Verhältnis zu dem durch den Angriff drohenden Schaden steht (BayOBLG NJW 1963, 825). Grundsätzlich hat der in N. Handelnde unter mehreren das *mildeste Mittel* zur Verteidigung zu wählen. (...)

Geht der Angegriffene über die erforderliche Verteidigung hinaus, so liegt ein *Notwehrexzeß* vor. Beruht die Überschreitung der Grenzen der notwendigen Verteidigung auf Bestürzung, Furcht oder Schrecken als Reaktion auf den Angriff, so ist der Täter nach § 33 StGB nicht strafbar. Insoweit liegt aber nur ein →Schuldausschließungsgrund vor. In allen übrigen Fällen der *Notwehrüberschreitung* haftet der Täter nach allgemeinen Regeln wegen vorsätzlichen oder fahrlässigen rechtswidrigen Verhaltens.

(Aus: Briesmann, Ermin: Strafrecht und Strafprozeß von A–Z. München 1982, 4. Aufl., 153f., 220f.)

Mat. 3

Die Frauen sind wichtiger als die Männer

(...) Wichtiger freilich als die Männer noch sind die ihnen zugeordneten Frauen; sie erweisen sich als die heimlichen Hauptpersonen der Novelle. Die eine, Sabine, lebt sich selbst, indem sie dem anderen seinen Rückzug läßt. Die andere, Helene, dominiert den scheinbar starken Partner, indem sie ihren weiblichen Willen aufgegeben hat, um ihn – und sich – durch ihre Bewunderung aufrechtzuerhalten.
„Ein fliehendes Pferd“ ist deshalb vor allem eine Geschichte von männlich/weiblichen Beziehungen: Seine eigentliche Mitteilung ist die Tatsache, wie sehr Männer, die im „gesellschaftlichen“ Sinne funktionieren, von weiblichem Zuspruch abhängig sind, beziehungsweise, daß Männer nur dann, wenn sie die Bedingungen ihrer eigenen, der von ihnen selbst geschaffenen Konkurrenz- und Hierarchiewelt nicht einhalten, das Selbstbewußtsein von Frauen aushalten. Mithin ist Walsers Novelle das eigentliche Emanzipationsbuch der siebziger Jahre, (...)

(Sibylle Maus. Stuttgarter Nachrichten v. 10.3.1978)

Dies ist ein Männerstück

(...) Der Novellentitel **„Ein fliehendes Pferd“** (Suhrkamp, 151 Seiten, 17,80 DM) wird reichlich gerechtfertigt. Ein Pferd geht durch, wird wieder eingefangen – verdammt symbolisch für meine Begriffe, aber gut. Und die Fluchtbewegungen der beiden Schulfreunde machen die Handlung. Die Frauen tragen wenig bei. Dies ist ein Männerstück. Klaus und Helmut sind von keiner Liebe in die Flucht geschlagen worden, sondern von den Jahren, ihren Jahren. (...)

(Christa Rotzoll. Welt am Sonntag v. 26.3.1978)

Mat. 4 *„Die reifen Jahre“*

Nach Zimbardo bezeichnet man die Zeit zwischen dem 45. und 65. Lebensjahr als das mittlere Alter oder als die reifen Jahre. Wie schon im vorangegangenen Lebensabschnitt brauchen wir auch hier die körperliche und geistige Entwicklung nicht gesondert zu berücksichtigen, obgleich es da, wie wir sehen werden, auch Ausnahmen gibt. Die Lebensaufgaben liegen also auch hier wieder im wesentlichen im sozialen und beruflichen Bereich.

1. Soziale Lebensaufgaben

Im Vordergrund steht die stellungsgemäße Durchführung *gesellschaftlicher und sozialer Verantwortung* (...)

Als nächste soziale Aufgabe ergibt sich für viele Menschen dieses Alters die *Vorbereitung der eigenen Kinder* auf ein verantwortungsbewußtes und zufriedenstellendes Erwachsenenalter. Viele Erwachsene unterstützen ihre Kinder finanziell und helfen ihnen bei der Gründung eigener Familien.

Auch die *Pflege der Beziehungen zum eigenen Partner* wird weiterhin ausgebaut. Es ist in den letzten Jahren viel über die *„Midlife-crisis“*, die persönliche Krise im mittleren Lebensalter geschrieben und diskutiert worden. Im wesentlichen geht es dabei um den zeitweiligen oder dauernden Abbruch der Beziehungen zum eigenen Partner. Schuld daran soll die Langeweile sein, die sich in einem routinemäßigen Leben breitmacht. Andere sehen die Ursachen der Krise im Erkennen des Älterwerdens und der sogenannten „Torschlußpanik“. Wieder andere glauben, daß diese Symptome eine natürliche Gegebenheit einer übersatten Wohlstandsgesellschaft darstellen, und einige verneinen die Existenz solcher Krisen schlechthin. Man ist sich jedoch in etwa einig, daß solche Krisen einen Versuch der Kompensation darstellen, *Minderwertigkeitsgefühle* – sei ihr Ursprung im physiologischen, persönlichen oder sozialen Bereich zu suchen– durch die Wahl eines zumeist jüngeren Partners auszugleichen.

Die *Anpassung an alte und oft kränkelnde Eltern* ist eine weitere Aufgabe dieses Lebensabschnitts. Dazu kommt auch der Verlust der Eltern gegen Ende dieser Lebensperiode. Das gleiche gilt auch für Freunde und Bekannte. Je älter man wird, um so mehr Freunde gehen durch den Tod verloren.

Für Eltern mit erwachsenen Kindern kommt dazu auch der „Verlust“ dieser Kinder, wenn sie das Elternhaus verlassen. Dies ist eine schwierige Anpassung, und es ist äußerst wichtig, daß sich die beiden Partner in dieser Zeit gegenseitig unterstützen und ablenken. Weiterhin belastend sind die Anpassungen an die *physiologischen Veränderungen,* die sich mit zunehmendem Alter vermehrt einstellen.

2. Persönliche Lebensaufgaben

Die Frau hat die schwierige Phase der Menopause zu überstehen und wird dann auch anfälliger für Herz- und Kreislauferkrankungen. Dazu kommen noch allgemeine „Zerfallserscheinungen“ (...) und das Gefühl, daß es bergab geht. Weitere Lebensaufgaben bestehen in der Vorbereitung *auf das Pensionsalter*, das *Ausscheiden aus dem Beruf*, u. U. *Arbeitslosigkeit,* in dem Bestreben nach einer *vernünftigen Freizeitgestaltung* und in der *Erhaltung eines bestimmten Lebensstandards.*

Alle diese Erscheinungen jedoch haben einen gemeinsamen Nenner: Die Person spürt, daß die Zeit der Jugend unwiderruflich dahingeschwunden ist. Was kann man aber nun gegen diese negativen Gefühle tun? Die Experten raten, sich durch Lesen, Diskussionen und über soziale Kontakte *geistig fit* zu halten. Dazu kommen eine angemessene *körperliche Betätigung*, die gleichmäßig über alle Tage der Woche verteilt sein soll, *vernünftiges Essen und Trinken* und eine Reihe von Hobbys, die auch dann ausgeführt werden können, wenn die Kräfte schwinden.

(Aus: Angermeier, Wilhelm Franz: Psychologie für den Alltag. Düsseldorf 1983, 219–221)

t. 5 *In Ihrem neuen Buch, „Ein fliehendes Pferd“, sind die beiden Helden knapp unter fünfzig, also wenig jünger als Sie heute. Beide versuchen auf sehr unterschiedliche Weise damit fertigzuwerden, daß sie in die Jahre kommen (...) Sind das die zwei Möglichkeiten, die der Autor Martin Walser für sich selbst einmal literarisch durchgespielt hat?*

Walser: Na ja ... die ich täglich durchspiele. Ich halte das auch für das schrecklichste Problem. Meine Frau erinnert mich jetzt immer daran, ich hätte schon mit fünfundzwanzig ununterbrochen davon gesprochen, das schlimmste sei, fünfzig zu werden. (...)

Bedeutet das, daß Sie sich als Autor Ihrem Helden Helmut Halm näher fühlen, (...)

Walser: Also, ich war, als ich das Buch schrieb, der Meinung, ich vertrete mit meiner Spielfigur Helmut Halm einfach meine eigene Position gegenüber einer Reihe von Figuren, die ich in Wirklichkeit kenne und die ich zusammengefaßt habe zu der Figur Klaus Buch. Inzwischen hat mich jemand, der mich sehr gut kennt, darauf aufmerksam gemacht, noch in keinem Buch hätte ich meine beiden ... die ja jeder hat – also mindestens zwei so innere Kämpfer, diesen Zwiespalt ...

„Zwei Seelen wohnen, ach, in meiner Brust ...“

Walser: Ja, genau. Also meine beiden Seelen hätte ich noch in keinem Buch so konsequent gegeneinander ins Spiel gebracht. Darüber habe ich nachgedacht und bin jetzt der Meinung, daß jemand dieses Buch lesen und sich sagen kann: Das sind zwei Haltungen, die in Wirklichkeit so existieren. Und wenn er eine gewisse Festigkeit hat, denkt er, er gehöre selbst zu einer dieser beiden Fronten. Andererseits habe ich immer wieder bemerkt, daß Leute, die in sich selber voller Angefochtenheiten, Skrupel und Probleme sind, dieses Buch einfach auffassen, als zwei Seelen, zwei Prinzipien in einer Brust.

Gegen Ende Ihres Buches gibt es ja eine Art Rollentausch. Da versuchen Helmut und seine Frau Sabine in Trainingsanzügen und mit Fahrrädern dem Trimm-dich-Beispiel Klaus Buchs nachzueifern und sich in ihre eigene Jugend zurückzustrampeln. Haben Sie solche Anwandlungen auch schon gehabt?

Walser: Na ja, ich habe immer schon Sport getrieben. Schreiben ist ja ein so ungesunder Beruf: Acht bis zehn Stunden täglich am Schreibtisch, und ich schreibe alles von Hand, das führt zur physischen Verkrampfung. Weil alles auf diese rechte Hand geht, entsteht ein so hochgradiger Krampf, der sich im Laufe der Stunden auf den übrigen Körper überträgt – da muß ich abends etwas tun, mich bewegen, sonst könnte ich überhaupt nicht einschlafen. Zur Schreibkondition gehört bei mir auch die sportliche Kondition. (...)

Am Ende Ihrer Novelle machen Ihre beiden männlichen Helden keine sehr glückliche Figur. Beide sind halbwegs gescheitert. (...)
Liegt das an ihrem Beruf, haben sie beide ihr Leben falsch eingerichtet?

Walser: Ich glaube nicht. Daß der Geruch von Katastrophalem sich ausbreiten kann, liegt daran, daß sie in einer Gesellschaft leben, in der sie sich messen müssen, die ihnen diese Konkurrenz-Mentalität vorschreibt: eine Gesellschaft, in der man recht haben muß, in der richtig sein muß, was man macht.

Unsere Leistungsgesellschaft?

Walser: Sicher, ja.

Gibt es Berufe, in denen man sich sein Leben sinnvoller einrichten kann bis ins Alter hinein? Als Künstler vielleicht?

Walser: Ich bin kein Künstler. Ich weiß das nicht. Ich empfinde mein Leben nicht als frei.

Zu den dramatischen Höhepunkten Ihrer Novelle gehört die Segelpartie auf dem stürmischen Bodensee, jene Szene, wo der ängstliche Helmut dem cleveren Seemann Klaus die Pinne aus der Hand schlägt, was zur Folge hat, daß Klaus über Bord geht. Handelt es sich da um einen bewußten Mordversuch, wie es einige Kritiker herausgelesen haben?

Walser: Nein, das nicht. Einmal hat Helmut einfach Angst, und dazu kommt natürlich auch angestaute Wut. Aber es ist vor allem die Angst.

So habe ich es auch verstanden. Um sich zu retten, macht er den Fehlversuch ...

Walser: Ja. Aber natürlich muß er – oder sein Gewissen – sich nachher fragen: War nicht – unbewußt – Absicht im Spiel?

Also könnte es auch darum gehen, daß Helmut versucht, diese andere, die vitale, die Klaus-Alternative aus der Welt zu schaffen?

Walser: Ja. So etwas kann in einer solchen Handlung mitschwingen.

Der Titel Ihrer Novelle, „Ein fliehendes Pferd", hat ja wohl Symbolcharakter. Laufen die Möglichkeiten, sein Leben zu führen, an bestimmten, entscheidenden Punkten immer auf Flucht hinaus?

Walser: Wahrscheinlich muß es nicht so sein. Ich glaube aber, wer auf der Basis von Konkurrenz startet und läuft, wer seinen Selbstwert davon abhängig machen läßt, wie viel er unter von außen gegebenen Maßstäben leistet, der wird leicht dazu neigen, sich im prekären Fall auf die Flucht zu begeben. Er versucht einfach, den Maßstäben zu entfliehen, die er nicht wagt, außer Kraft zu setzen, und denen gegenüber er ja vielleicht auch wirklich ohnmächtig ist. Und wenn das Konkurrenzdenken heute in Bereiche hineingeht, die bisher frei davon schienen, wenn selbst Bereiche wie das Geschlechtsleben von Maßstäben zersetzt, wenn auch die Ehebetten Sportplätze werden, dann ist ja Flucht dringend geraten.

Ihre Novelle, die vorgibt, vorwiegend Privates zu erzählen, ist also auch eine politische Erzählung.

Walser: Was sich hier abspielt, kann sich nur in unserer Gesellschaft abspielen. Insofern ist es auch eine politische Erzählung.

Die zutrauliche Ehe

Am Ende Ihres Buches beginnt die Erzählung wieder von vorn. Versucht hier Helmut Halm, indem er seine und die Geschichte seiner Frau noch einmal erzählt, diese Geschichte irgendwie zu bewältigen?

Walser: Jaja. In dem Roman „Der Sturz" habe ich einmal den Satz geschrieben: „Die Ehe macht Erzähler aus uns allen."

Ist das eine „Wiederholung" im Sinne Kierkegaards? Oder gibt es da die Chance eines Neuanfangs?

Walser: Nein, daran denke ich nicht. Eine Erzählung ist eine Erzählung. Es handelt sich da um eine Lebensform. Der Schluß meiner Novelle bringt inhaltlich etwas Neues – keine Wendung, nur ein Motiv: das Motiv nämlich, daß Ehepaare davon leben, daß sie einander alles erzählen. Das ist das Motiv der zutraulichen Ehe, die das Leben in Erzählung verwandelt und dadurch das Leben vielleicht erträglicher macht, als es ohne das wäre. (...)

(Aus: Unsere Gesellschaft erzeugt Fluchtgedanken. ‚Schreiben ist ja ein so ungesunder Beruf.‘ Ein Gespräch mit Martin Walser. Aufgezeichnet von Hans-Joachim Schyle. Kölner Stadt-Anzeiger v. 19.4.1978)

at. 6

SV Suhrkamp

Wir liefern aus

Seit Januar Vorabdruck in der Frankfurter Allgemeinen Zeitung

Martin Walser
Ein fliehendes Pferd

Novelle. 152 Seiten. Engl. Broschur DM 17,80

»Diese Geschichte zweier Ehepaare ist ein Glanzstück deutscher Prosa unserer Jahre, in dem sich Martin Walser als Meister der Beobachtung und der Psychologie, als Virtuose der Sprache bewährt.« Marcel-Reich-Ranicki, FAZ

Seit Jahren verleben Helmut und Sabine ihre Ferien am Bodensee. Es sind Ferien, die anspruchslos beginnen, die dahingehen. Diesmal aber geschieht etwas, daß das eingespielte Verhältnis stört: die plötzliche Begegnung mit einem Jugendfreund und seiner Frau. Vergangenheit kehrt zurück, verändert die Gegenwart. Die Übereinstimmungen von einst werden nun gespielt, werden zum Rollenspiel, zum Spiel mit sich und den anderen. Martin Walsers Novelle erzählt diese Geschichte zweier Jugendfreunde und zweier Ehen, die auch die eines friedlichen, in die Katastrophe führenden Kampfes um ein vermeintliches Glück ist.

Mat. 7 Diese Erzählung (oder genauer: das ganze Drumherum ihres Erscheinens) wäre zunächst unter dem Gesichtspunkt verlegerischer Werbestrategie zu würdigen. Das Buch war noch gar nicht ausgeliefert, da prasselte schon der Vorauslärm der Rezensenten auf den Literaturfreund nieder. (...)

Angesichts von so viel schmückendem Beiwerk fällt es schwer, sich einen unbefangenen Blick auf die Sache selbst zu bewahren. Das „Ereignis" deckt den literarischen Inhalt wieder einmal vollständig zu. Vielleicht hilft es dem Leser da, wenn er sich vorzustellen versucht, bei dem „Fliehenden Pferd" handle es sich um das Erstlingswerk eines bis dato unbekannten Schriftstellers, dem ein eher unlustiger Verleger einen mühsam-bemühten Waschzettel beigegeben hat. Der Waschzettel trüge dann etwa folgenden Text:

„Die ‚Midlife Crisis', die Krise um die Lebensmitte, ist zur Zeit in aller Munde. Auch XY stellt sich mutig dem Problem. Mit wenigen kraftvollen Strichen zeichnet er das Porträt eines schwäbischen Oberstudienrats, der im Urlaub unvermutet einem Jugendfreund begegnet. Dieser Jugendfreund, Journalist für Umweltfragen, Lebenskünstler von blendendem Aussehen, verheiratet mit einer um achtzehn Jahre jüngeren Frau, wird zur großen Herausforderung des Helmut Halm, dem sein eigenes Versagen jetzt nur allzu deutlich zu Bewußtsein kommt. Unter der Maske gegenseitiger Freundlichkeit wächst die Aggression. Bei einer gemeinsamen Segelpartie im Sturm stößt Helmut den Freund über Bord. War es Absicht? War es eine Regung des Unterbewußtseins? Wir erfahren es nicht. Doch Klaus Buch überlebt. Helmut Halm indessen ist Sieger geblieben, das lebenstüchtige Image Buchs zerbrach."

Man darf sehr daran zweifeln, ob ein Anfänger mit einem solch banalen Sujet auch nur die geringste Chance hätte, beachtet zu werden. Aber natürlich ist Walser kein Anfänger, und so kann er sich Banalität nicht nur leisten, sondern sollte auch in der Lage sein, mancherlei literarischen Honig daraus zu saugen. Zum Honig in Walsers „Novelle" gehört der ausführliche, sanfte Hohn, mit dem der „Lebenskünstler" geschildert wird, der da den urlaubenden Halms über den Weg läuft. Da ist dem Autor wirklich eine Karikatur gelungen, wie sie schon lange fällig war und wie sie nun wohl nicht mehr übertroffen werden kann.

Dieser blonde, braungebrannte Klaus Buch mit dem bis zum Gürtel offenen Hemd, ein Jüngling von mindestens 46 Jahren, lebt – um sich fit zu halten – nur noch von Salat und Mineralwasser. Er ist umtriebig wie ein besonders schicker Zappelphilipp und wird infolgedessen von braven, instinktsicheren Haushunden auch sofort in die Finger gebissen. Er ist auch auf eine entsetzliche Weise „outspoken". Schon nach fünf Minuten Zufallsbekanntschaft plaudert er hemmungslos über intimste körperliche Einzelheiten und findet überhaupt nichts dabei, den lieben Helmut an seine „blumenkohlartige" Vorhaut zu erinnern – dies in Gegenwart beider Ehefrauen. Die wichtigste Frage in seinem Leben ist, „ob er es noch bringt", und auch Helmut muß gleich darüber Auskunft geben, „ob er es noch bringt". Daß er sich als Journalist ausgerechnet auf die „Umweltfragen" gestürzt hat, ist eine zusätzliche Walsersche Bosheit, gut ausgedacht, doch nicht unbedingt einleuchtend.

Nicht einleuchten will auch, warum Walser seinen Helmut Halm partout mit einer Null wie Klaus Buch konfrontiert, warum Halm diese Null nicht von Anbeginn durchschaut, sie sogar zum Prüfstein seiner „Midlife Crisis" macht. Das

Büchlein bekommt dadurch bedenkliche Schlagseite. Allzu ungleich sind die Gewichte verteilt. Der behäbige Kierkegaard-Leser Halm im Clinch mit einem mineralwäßrigen Fliegengewicht – so etwas sieht nur noch komisch aus, und man muß den Verdacht hegen, daß die Komik unfreiwillig ist. Wie anders wäre es sonst zu erklären, daß die Figur des Halm überhaupt recht schemenhaft bleibt, daß sie im Vergleich zum spillrigen Klaus wie ein Schatten wirkt? Der Autor identifiziert sich mit ihr in hohem Maße, aber er verweigert ihr die notwendigen Charakterisierungen, so daß sich der Boxkampf von vornherein auf dem Niveau und mit den Vorgaben von Klaus abspielt.

Über Helmut erfahren wir, daß er Zigarren raucht und Spätburgunder mag, daß er das Bett nur noch pro forma mit seiner Frau teilt und auf seinem Gymnasium als „sehr progressiv" bekannt ist. Das genügt bei weitem nicht, um dem Kontext Zeitkolorit und historische Tiefenschärfe zu verleihen. Und da Walser auch bei der Zeichnung der beiden Ehefrauen und der Staffage nur flüchtig und skizzenhaft verfährt, gerät ihm das ganze Opus merkwürdig blaß und in einem schlechten Sinne zeitlos.

Auch bei der Konstruktion der Fabel treten erstaunliche Schwächen zutage. Nachdem in aller Ausführlichkeit geschildert wurde, wie Helmut den „Lebenskünstler" beim ungeschickten Manövrieren mit dem Segelboot „aus Versehen" über Bord stößt, laufen die folgenden Ereignisse im rasenden Zeitraffertempo ab. Ob und wie Helmut das „Unglück" meldet, ob es Polizeiverhöre gibt, ob Klaus Buch überhaupt schon als tot abgeschrieben ist: der Leser erfährt so gut wie nichts darüber und ist folglich mehr als erstaunt, als dann plötzlich der Vermißte quicklebendig in die Runde der Hinterbliebenen platzt. Im Grunde bricht damit der ganze äußere Aufbau der „Novelle" zusammen. Einem Anfänger hätte der Lektor das nicht durchgehen lassen.

Es kann also keine Rede davon sein, daß wir es hier mit einem „Meisterwerk der deutschen Literatur" zu tun hätten oder wie die begeisterten Preisworte der Vorauskritiker sonst noch lauten mögen. Die Mängel der Geschichte liegen auf der Hand und werden nicht durch andere Qualitäten kompensiert. Wer das „Fliehende Pferd" mit den Novellen Storms oder Thomas Manns vergleichen wollte, würde hochstapeln: (...)

Das Mißliche ist aber, daß die meisten unserer Kritiker gar nicht auf den Gedanken kommen, Walser mit Storm oder Spielhagen zu vergleichen. Sie vergleichen ihn immer nur mit sich selbst, (...) was bestenfalls als ein höchst persönlicher Neuanfang des Schriftstellers Walser betrachtet werden kann, wird unbesehen zu einem Neuanfang für die deutsche Literatur hochgejubelt, und was bestenfalls im Kontext der Walserschen Bücher Lob verdient, wird sofort in den Kontext der gesamten deutschen Literatur hineingelobt.

Daß man sich damit um sämtliche vernünftigen Maßstäbe bringt, will niemand wahrhaben. Es sollte jedoch einmal ausdrücklich zu Protokoll gegeben werden. Schließlich ist Literaturkritik keine Seelenmassage für gefallene Schriftsteller.

(Günter Zehm. Der Oberstudienrat im Clinch mit einem Fliegengewicht. Die Welt v. 21.3.1978)

Anhang

Anmerkungen

[1] Martin Walser: Ein fliehendes Pferd. Novelle. Frankfurt: Suhrkamp 1978. Die Seitenzahlen der von mir herangezogenen Taschenbuchausgabe (st 600) sind mit denen der Erstausgabe identisch. Im folgenden werden wörtliche und sinngemäße Zitate der Primärliteratur durch in Klammern gesetzte Seitenzahlen im Text ausgewiesen.

[2] Vgl. Waine, Anthony: Martin Walser. München 1980, 24

[3] Vgl. Kaiser, Joachim: Martin Walsers blindes Glanzstück. Funktion und Funktionieren der Novelle ‚Ein fliehendes Pferd'. Merkur 32 (1978), 831

[4] Vgl. Bock, Hans Bertram: Rodeo auf dem Bodensee. Nürnberger Nachrichten v. 2.3.1978

[5] Vgl. Wiethölter, Waltraut: ‚Otto' – oder sind Goethes ‚Wahlverwandtschaften' auf den Hund gekommen? Anmerkungen zu Martin Walsers Novelle ‚Ein fliehendes Pferd'. In: ZfdPh 102 (1983), 240–259

[6] Waine, A.: a.a.O., 25f. Vgl. Hick, Ulrike: Martin Walsers Prosa-Möglichkeiten des zeitgenössischen Romans unter Berücksichtigung des Realismusanspruchs. Stuttgart 1983, 196–201

[7] Vgl. Weber, Albrecht: Martin Walser: Ein fliehendes Pferd. In: Lehmann, Jacob (Hrsg.): Deutsche Novellen von Goethe bis Walser. Interpretationen für den Deutschunterricht. Bd. 2: Von Fontane bis Walser. Königstein: Scriptor 1980, TB S 156, 294

[8] s. S. 16. Vier Tage ergeben sich, wenn man von der Berechnung 1 Tag = 24 Stunden ausgeht (Sonntagabend bis Donnerstagabend), etwa viereinhalb ergeben sich, geht man von der umgangssprachlichen Bezeichnung (im Gegensatz zu Nacht) aus.

[9] Rohner, Ludwig: Theorie der Kurzgeschichte. München 1973, 200

[10] Wiese, Benno von: Novelle. Stuttgart 1963, 5

[11] Schunicht, Manfred: Der ‚Falke' am ‚Wendepunkt'. Zu den Novellentheorien Tiecks und Heyses. In: Kunz, Josef (Hrsg.): Novelle. Darmstadt 1968, 437–446

[12] Vgl. Weber, Albrecht: a.a.O., 294. Vgl. Knorr, Herbert: Gezähmter Löwe – fliehendes Pferd. Zu Novellen von Goethe und Martin Walser. In: LfL 2 (1979), 139–157. Vgl. Jansen, Angelika Charlotte: Walsers ‚Ein fliehendes Pferd'. Rezeption und Standortbestimmung in der bundesdeutschen Wirklichkeit. Diss. Univ. New York 1982, 18f.

[13] Fernsehinterview in: Bücherreport v. 15.3.1987

[14] Storm, Theodor: Eine zurückgezogene Rede aus dem Jahre 1881. In: Storm, Theodor: Sämtliche Werke. Hrsg. v. Köster, A. Bd. VIII. Leipzig 1921, 122f.

[15] Vgl. Kraft, Herbert: Exkurs: Über auktoriales und personales Erzählen. In: Kraft, Herbert: Um Schiller betrogen. Pfullingen 1978, 48–58

[16] Ein Gespräch mit Martin Walser in Neuengland. Aufgezeichnet von Monika Totten. In: Basis. Jahrbuch für deutsche Gegenwartsliteratur 10 (1980), 206: Walser: „Ich habe beim Arbeiten gedacht, ich würde mich da gegen einen wirklichen Klaus Buch wehren. Jetzt ist der natürlich noch zu kurz gegenüber Helmut Halm

gekommen. Das stimmt eindeutig. Das ist ein ungerechtes Verhältnis. Also könnte ich das ganze Arbeitskonzept, das ich da mühselig herstammle, so formulieren: ich will einfach den Klaus Buch stärker machen. (...) Trotz perspektivischer Enge zur sogenannten Hauptfigur möchte ich das Feld der Gegenfigur stärker machen."

[17] Kaiser, J.: a.a.O., 835

[18] Vgl. Knorr, H.: a.a.O., 148

[19] Vgl. Weber, A.: a.a.O., 289

[20] Vgl. *Ein fliehendes Pferd*, 19, 47, 49, 54, 59, 63, 79, 83, 84, 87, 91, 95, 98

[21] Vgl. Diercks, Manfred: ‚Nur durch Zustimmung kommst du weg'. Martin Walsers Ironie-Konzept und ‚Ein fliehendes Pferd'. In: LfL 7 (1984), 51

[22] Ebd., 50

[23] Vgl. ebd., 51

[24] Pongs, Hermann: Das Bild in der Dichtung. Bd. 2. 1939, 97–109, 110–183
Ders.: Über die Novelle. In: ZfdB 5 (1929), 175ff.

[25] Vgl. Schunicht, M.: a.a.O., 446–462
Vgl. Malmede, Hans Hermann: Wege zur Novelle. Theorie und Interpretation der Gattung Novelle in der deutschen Literaturwissenschaft. Stuttgart 1966, 104–113

[26] Diercks, M: a.a.O., 49

[27] Vgl. Malmede, H. H.: a.a.O., 186

[28] Vgl. Wilhelmi, Christoph: Handbuch der Symbole in der bildenden Kunst des 20. Jahrhunderts. Frankfurt 1980, 229f. Vgl. Heinz-Mohr, Gerd: Lexikon der Symbole. Bilder und Zeichen der christlichen Kunst. Köln 1984, 237f.

[29] Vgl. Malmede, H. H.: a.a.O., 113, 187f.

[30] Vgl. ebd., 117, 120–124

[31] Vgl. Diercks, M.: a.a.O., 49

[32] Vgl. ebd., 50

[33] Vgl. ebd., 52.

[34] Vgl. Knorr, H.: a.a.O., 155: Er deutet diesen Kunstgriff symbolisch als Reflex der beherrschten und ausgebeuteten Natur, deren Opfer zunächst Klaus Buch wird.

[35] Beispielsweise: (Mordversuch) Jansen, A. C.: a.a.O., 155. Vgl. Kaiser, J.: a.a.O., 833. (Notwehr) Vgl. Diercks, M.: a.a.O., 52

[36] Vgl. Waine, A.: a.a.O., 114f.

[37] S. S. 11 dieser Arbeit

[38] Vgl. Diercks, M.: a.a.O., 52

[39] Vgl. Waine, A.: a.a.O., 115f.

[40] Vgl. Diercks, M.: a.a.O., 52

[41] Vgl. Haeberlin, Urs, u. Niklaus, Eva: Identitätskrisen. Theorie und Anwendung am Beispiel des sozialen Aufstiegs durch Bildung. Bern, Stuttgart 1974, 33f. Dort auch weitere Literatur zur Theorie des Symbolischen Interaktionismus. Vgl. Freud, Anna: Das Ich und die Abwehrmechanismen (1936). München 1964. Vgl. Moser, Ulrich: Zur Abwehrlehre. In: Jahrbuch der Psychoanalyse, Bd. III. Berlin, Stuttgart 1964, 56–85

[42] Vgl. Diercks, M.: a.a.O., 50

[43] Nietzsche, Friedrich: Also sprach Zarathustra. Zitiert nach: Nietzsche Werke. Kritische Gesamtausgabe. Hrsg. v. Giorgio Colli u. Mazzino Montinari. Sechste Abteilung. Bd. 1. Berlin 1968

Vgl. Weber, A.: a.a.O., 291
[44] Ebd., 290
[45] Vgl. Knorr, H.: a.a.O., 155
[46] Das Motto der Novelle findet sich bei Kierkegaard, Sören: Entweder/Oder. I. Teil. Übersetzt von Emanuel Hirsch. Düsseldorf 1964, 15. Der fiktive Herausgeber der Papiere der anonymen Autoren „A" und „B", Victor Eremites, formuliert hier im Vorwort seinen Eindruck von den vorgefundenen Papieren.
Vgl. Holl, Jann: Kierkegaards Konzeption des Selbst. Eine Untersuchung über die Voraussetzungen und Formen seines Denkens. Meisenheim 1972. Vgl. Michel, Willy: Poetische Transformationen Kierkegaardscher Denkfiguren im neueren deutschen Roman. In: Michels, Gerd (Hrsg.): Festschrift für Friedrich Kienecker zum 60. Geburtstag. Heidelberg 1980, 153–177
[47] Vgl. Schrey, Heinz-Horst: Die Überwindung des Nihilismus bei Kierkegaard und Nietzsche. In: Schrey, Heinz-Horst (Hrsg.): Sören Kierkegaard. WdF Bd. CLXXIX. Darmstadt 1971, 103
[48] Vgl. ebd., 90, 92, 95
[49] Zitiert nach der oben genannten Ausgabe (Anm. 46) von *Entweder/Oder,* Bd. I u. II, und Kierkegaard, Sören: Die Krankheit zum Tode. Übersetzt von Emanuel Hirsch und Hayo Gerdes. Düsseldorf 1971
[50] Rotzoll, Christa: Dies ist ein Männerstück. In: Welt am Sonntag v. 26.3.1978
[51] Maus, Sibylle: Die Frauen sind wichtiger als die Männer. In: Stuttgarter Nachrichten v. 10.3.1978
[52] Wapnewski, Peter: Männer auf der Flucht. In: Deutsche Zeitung/Christ und Welt v. 10.3.1978
[53] Doane, Heike A.: Innen- und Außenwelt in Martin Walsers Novelle ‚Ein fliehendes Pferd'. In: German Studies Review 3 (1980), 75
[54] Vgl. Watzlawick, Paul u.a.: Menschliche Kommunikation. Formen, Störungen, Paradoxien. Bern 1974, 4. Aufl.: „analoge Kommunikation" s. 61 ff., zum Begriff „Beziehungsaspekt" s. 53 ff., zur Unterscheidung von „komplementärer und symmetrischer Kommunikation", s. 68 ff.
[55] Vgl. ebd., 184, 195 f.
[56] Henrichs, Benjamin: Narziß wird fünfzig. Martin Walsers Novelle ‚Ein fliehendes Pferd'. In: Die Zeit v. 24.2.1978
[57] Haseloff, Otto Walter: Depression und das ‚...losigkeitssyndrom'. In: Schreiber, Hermann: Midlife Crisis. Die Krise in der Mitte des Lebens. München 1977, 50
[58] Mitscherlich, Alexander: Die Unfähigkeit, erwachsen zu werden. In: Schreiber, H.: a.a.O., 68
[59] Haseloff, O. W.: a.a.O., 53
[60] Schorsch, Eberhard u. Schmidt, Gunter: Die Freiheit, verdrängte Bedürfnisse auszuleben. In: Schreiber, H.: a.a.O., 73
[61] Vgl. ebd., 76
[62] Vgl. Mitscherlich, A.: a.a.O., 63
[63] Knorr, H.: a.a.O., 150
[64] Ebd., 152
[65] Vgl. Hick, U.: a.a.O., 175
[66] Vgl. ebd., 190
[67] Walser schrieb die Novelle Anfang August 1977

[68] Vgl. Scherer, Klaus: Politische Kultur und neue soziale Bewegungen. In: Glaessner, Gert-Joachim u.a. (Hrsg.): Die Bundesrepublik in den siebziger Jahren. Opladen 1984, 71–91
[69] Böhm, Ekkehard, u.a. (Hrsg.): Kulturtagebuch. 1900 bis heute. Braunschweig 1984, 676
[70] Doane, H. A.: a.a.O., 70
[71] Schwarz, Wilhelm Johannes: Der Erzähler Martin Walser. Bern 1971, 28
[72] Tielebier-Langenscheidt, Florian: Werbung für deutsche Gegenwartsliteratur. In: Archiv für Geschichte des Buchwesens XXIII (1982), 244
[73] Vgl. Schwarz, W. J.: a.a.O., 38
[74] Vgl. Waine, A.: a.a.O., 23
[75] Vgl. Rohner, L.: a.a.O., 228f.
[76] Vgl. Hick, U.: a.a.O., 228
[77] Kaiser, J.: a.a.O., 833f.
[78] Vgl. Hick, U.: a.a.O., 231
[79] Vgl. Waine, A.: a.a.O., 7–34; vgl. Pezold, Klaus: Martin Walser. Seine schriftstellerische Entwicklung. Berlin (DDR) 1971; vgl. Preuß, Joachim Werner: Martin Walser. Köpfe des XX. Jahrhunderts. Berlin 1972
[80] Reitze, Paul F.: Die Reise nach Philippsburg. In: Rheinischer Merkur v. 24.3.1978
[81] Schneider, Irmela: Ansprüche an die Romanform. Ein Gespräch mit Martin Walser (am 19. Nov. 1980). In: Schneider, Irmela: Die Rolle des Autors. Stuttgart 1981, 103
[82] Schyle, Hans-Joachim: Unsere Gesellschaft erzeugt Fluchtgedanken. ‚Schreiben ist ja ein so ungesunder Beruf.' Ein Gespräch mit Martin Walser. In: Kölner Stadt-Anzeiger v. 19.4.1978
„Als die zwei Bücher ‚Jenseits der Liebe' und ‚Ein fliehendes Pferd' besprochen wurden, da wurde immer von dieser ‚midlife crisis' geredet. Da kann ich ja nichts dafür. Ich bin halt auch in dem Alter, in dem solche Bücher entstehen, und die Leute, die dieses Gerede von einer ‚midlife crisis' heraufgebracht haben, sind wahrscheinlich auch in dem Alter." Totten, Monika: Interview mit Martin Walser. a.a.O., 209
[83] André, Michael: Es muß verständlich sein. Martin Walser zu den Intellektuellen. Ein Interview. In: Düsseldorfer Nachrichten v. 3.5.1978
[84] Waine, A.: a.a.O., 7
[85] Schyle, H. J.: a.a.O.
[86] Vgl. Waine, A.: a.a.O., 9f.
[87] Vgl. Schneider, I.: a.a.O., 103
[88] Vgl. Waine, A.: a.a.O., 10
[89] Ebd., 26
[90] Vgl. André, M.: a.a.O.
[91] Vgl. Schyle, H.-J.: a.a.O. (Anm. 82)
[92] Schneider, I.: a.a.O., 103. Vgl. Walser, Martin: Wer ist eigentlich Schriftsteller? In: Frankfurter Rundschau v. 21.9.1974
[93] Schneider, I.: a.a.O., 103
[94] Vgl. Walser, Martin: Heimatbedingungen. In: Walser, Martin: Wie und wovon handelt Literatur? Aufsätze und Reden. Frankfurt 1973, 89

[95] Walser, Martin: Brandung. Frankfurt 1985. Zitiert wird nach der geb. 2. Aufl. von 1985.
[96] Reitze, Paul F.: Jenseits der Brandung. In: Rheinischer Merkur v. 24.8.1985
[97] Zehm, Günther: Der Oberstudienrat im Clinch mit einem Fliegengewicht. In: Die Welt v. 21.3.1978. Abdruck in Auszügen S. 108f. dieser Arbeit.
[98] Vgl. Jansen, A. C.: a.a.O., 16
[99] Vgl. Tiebeler-Langenscheidt, F.: a.a.O., 227
[100] Vgl. ebd., 232
[101] Vgl. ebd., 247
[102] Ayren, Achim: Wer arbeitet, lebt nicht. Zu Martin Walsers Novelle ‚Ein fliehendes Pferd'. In: Stuttgarter Zeitung v. 11.3.1978. Vgl. auch: Ayren, Achim: Martin Walser: Ein fliehendes Pferd. In: Neue Deutsche Hefte 158 (1978), 2, 357–361
[103] Vgl. Tielebier-Langenscheidt, F.: a.a.O., 247
[104] Vgl. Jansen, A. C.: a.a.O., 21f.
[105] Vgl. Tielebier-Langenscheidt, F.: a.a.O., 229
[106] Vgl. Jansen, A. C.: a.a.O., 29
[107] Weber, A.: a.a.O., 282
[108] Vgl. Ayren, A.: Neue deutsche Hefte, a.a.O., 357
[109] Lt. Informationsschrift des WDR
[110] Walser, Martin u. Khuon, Ulrich: Ein fliehendes Pferd. Theaterstück. Frankfurt 1985. Vgl. Der Spiegel Nr. 31, v. 29.7.1985
[111] Vgl. Ayren, A.: In: Neue Deutsche Hefte, a.a.O., 359
[112] Vgl. Rohner, L.: a.a.O., 22
[113] Vgl. Meyer, Gerold: Auswahlkriterien für die zeitgenössische Literatur im Literaturunterricht. In: Eckhardt, Juliane (Hrsg.): Zeitgenössische Literatur im Deutschunterricht. Braunschweig 1981, 58
[114] Rank, Bernhard: Novellen des 19. Jahrhunderts. In: Haas, Gerhard (Hrsg.): Literatur im Unterricht. Modelle zu erzählerischen und dramatischen Texten in den Sekundarstufen I und II. Stuttgart 1982, 57–80
[115] Nündel, Ernst: Novelle. In: Lexikon zum Deutschunterricht. München 1981, 2. Aufl., 314. Vgl. Ulrich, Winfried: Novelle. In: Grundbegriffe des Deutschunterrichts. Kiel 1979, 117. Vgl. Wilpert, Gero von: Sachwörterbuch der Literatur. Stuttgart: 1979, 6. Aufl., 556–559

Literaturverzeichnis

Primärliteratur

Walser, Martin: Ein fliehendes Pferd. Novelle. Frankfurt: Suhrkamp 1978, TB 600
–: Brandung. Frankfurt 1985
–: Der Grund der Freude. 99 Sprüche zur Erbauung des Bewußtseins. Stierstadt: Eremiten-Presse 1978
–: Wie und wovon handelt Literatur? Aufsätze und Reden. Frankfurt 1973
–: Wer ist eigentlich ein Schriftsteller? In: Frankfurter Rundschau v. 21.9.1974
–: Selbstbewußtsein und Ironie. Frankfurter Vorlesungen. Frankfurt 1981
Kierkegaard, Sören: Entweder/Oder. Teil 1 und 2. Übersetzt v. Emanuel Hirsch. Düsseldorf 1964
–: Die Krankheit zum Tode. Übersetzt v. Emanuel Hirsch u. Hayo Gerdes. Düsseldorf 1971
–: Die Tagebücher. Bd. 1. Übersetzt von Emanuel Hirsch. Düsseldorf 1962
Nietzsche, Friedrich: Also sprach Zarathustra. In: Nietzsche Werke. Kritische Gesamtausgabe. Hrsg. v. Giorgio Colli u. Mazzino Montinari. Sechste Abteilung. Bd. 1. Berlin 1968

Interviews

Unsere Gesellschaft erzeugt Fluchtgedanken. ‚Schreiben ist ja ein so ungesunder Beruf.' Ein Gespräch mit Martin Walser. Aufgezeichnet von Hans-Joachim Schyle. In: Kölner Stadt-Anzeiger v. 19.4.1978
Es muß verständlich sein. Martin Walser zu den Intellektuellen. Ein Interview. Aufgezeichnet von Michael André. In: Düsseldorfer Nachrichten v. 3.5.1978
Ein Gespräch mit Martin Walser in Neuengland. Aufgezeichnet von Monika Totten. In: Basis. Jahrbuch für deutsche Gegenwartsliteratur 10 (1980), 194–214
Ansprüche an die Romanform. Ein Gespräch mit Martin Walser. In: Irmela Schneider (Hrsg.): Die Rolle des Autors. Stuttgart 1981, 99–107

Sekundärliteratur zu Walsers Novelle und Gesamtwerk

Bohn, Volker: Ein genau geschlagener Zirkel. Über ‚Ein fliehendes Pferd'. In: Siblewski, Klaus (Hrsg.): Martin Walser. Frankfurt 1981, 150–168
Diercks, Manfred: ‚Nur durch Zustimmung kommst du weg.' Martin Walsers Ironie-Konzept und ‚Ein fliehendes Pferd'. In: LfL 7 (1984), 44–53
Doane, Heike A.: Innen- und Außenwelt in Martin Walsers Novelle ‚Ein fliehendes Pferd'. In: German Studies Review 3 (1980), 69–83
Hick, Ulrike: Martin Walsers Prosa. Möglichkeiten des zeitgenössischen Romans unter Berücksichtigung des Realismusanspruchs. Stuttgart 1983
Jansen, Angelika Charlotte: Walsers ‚Ein fliehendes Pferd'. Rezeption und Standortbestimmung in der bundesdeutschen Wirklichkeit. Diss. Univ. New York 1982
Kaiser, Joachim: Martin Walsers blindes Glanzstück. Funktion und Funktionieren der Novelle ‚Ein fliehendes Pferd'. Merkur 32 (1978), 828–838
Knorr, Herbert: Gezähmter Löwe – fliehendes Pferd. Zu Novellen von Goethe und Martin Walser. In: LfL 2 (1979), 139–157

Michel, Willy: Poetische Transformationen Kierkegaardscher Denkfiguren im neueren deutschen Roman. Eine wirkungsgeschichtliche Betrachtung zu Max Frisch, ‚Stiller' und ‚Mein Name sei Gantenbein', Peter Härtling, ‚Nimbsch oder der Stillstand', Gabriele Wohmann, ‚Ernste Absicht' und Martin Walser, ‚Das Einhorn'. In: Michels, Gerd (Hrsg.): Festschrift für Friedrich Kienecker zum 60. Geburtstag. Heidelberg 1980, 153–177

Pezold, Klaus: Martin Walser. Seine schriftstellerische Entwicklung. Berlin (DDR) 1971

Preuß, Joachim Werner: Martin Walser. Köpfe des XX. Jahrhunderts. Berlin 1972

Schwarz, Wilhelm Johannes: Der Erzähler Martin Walser. Mit einem Beitrag: Der Dramatiker Martin Walser, von Hellmuth Karasek. Bern, München 1971

Siblewski, Klaus: Martin Walser. In: Arnold, Heinz Ludwig (Hrsg.): Kritisches Lexikon zur deutschsprachigen Gegenwartsliteratur. München 1978. Loseblattsammlung, 15 S.

Sinka, Margit M.: The Flight Motif in Martin Walsers's ‚Ein fliehendes Pferd'. In: Monatshefte 74 (1982), 47–58

Swiatlowski, Zbigniew: Die Dichtungen Martin Walsers – Selbstbefragung und Literaturexperiment. In: Universitas 35 (1980), 373–380

Tielebier-Langenscheidt, Florian: Werbung für deutsche Gegenwartsliteratur. Ein Beitrag zur Theorie und Praxis der Literaturvermittlung. Martin Walser. In: Archiv für Geschichte des Buchwesens XXIII (1982), 227–264

Thomas, Hinton R.: Martin Walser – The Nietzsche connection. In: GLL 35 (1981/82), 319–328

Waine, Antony: Martin Walser. München 1980

Weber, Albrecht: Martin Walser: Ein fliehendes Pferd. In: Lehmann, Jacob (Hrsg.): Deutsche Novellen von Goethe bis Walser. Interpretationen für den Deutschunterricht. Bd. 2: Von Fontane bis Walser. Königstein: Scriptor 1980, TB S 156, 281–300

Wiethölter, Waltraut: ‚Otto' oder sind Goethes ‚Wahlverwandtschaften' auf den Hund gekommen? Anmerkungen zu Martin Walsers Novelle ‚Ein fliehendes Pferd'. In: ZfdPh 102 (1983), 240–259

Rezensionen

Ayren, Achim: Martin Walser: ‚Ein fliehendes Pferd'. In: Neue deutsche Hefte 158 (1978), 2, 357–361

–: Wer arbeitet, lebt nicht. Zu Martin Walsers Novelle ‚Ein fliehendes Pferd'. In: Stuttgarter Zeitung v. 11.3.1978

Bachmann, Dieter: Die Lebensbitterkeit erträglich machen. In: Die Weltwoche, Zürich, v. 15.3.1978

Baumgart, Reinhard: Überlebensspiel mit zwei Opfern. In: Der Spiegel v. 27.2.1978

Bock, Hans-Bertram: Rodeo auf dem Bodensee. Eine Psycho-Studie mit Krimieffekt. In: Nürnberger Nachrichten v. 2.3.1978

Boie, Kirstin: Ist Gallistl jetzt integriert? In: Die Tat, Frankfurt, v. 21.4.1978

Henrichs, Benjamin: Narziß wird fünfzig. Martin Walsers Novelle ‚Ein fliehendes Pferd'. In: Die Zeit v. 24.2.1978

Herzog, Sigrid: Über den grünen Klee gelobt. Walsers ‚Das fliehende Pferd‘ und die Kritik. In: Neue Rundschau (1978), 492–497
Heß, Dieter: Ein fliehendes Pferd auf Tournee. In: Neue Presse, Coburg, v. 17.5.1978
Lodemann, Jürgen: Urlaubsbegegnung zweier Panzerschiffe. Eine liebenswert-heitere, doppelbödige Feriengeschichte. In: Badische Zeitung v. 1.3.1978
Maus, Sibylle: Die Frauen sind wichtiger als die Männer. In: Stuttgarter Nachrichten v. 10.3.1978
Reich-Ranicki, Marcel: Walsers Glanzstück. In: Frankfurter Allgemeine Zeitung v. 24.1.1978
–: Martin Walsers Rückkehr zu sich selbst. In: Frankfurter Allgemeine Zeitung v. 4.3.1978
Reitze, Paul F.: Die Reise nach Philippsburg. Martin Walsers Aufbruch zu den Anfängen. In: Rheinischer Merkur v. 24.3.1978
–: Jenseits der Brandung. In: Rheinischer Merkur v. 24.8.1985
Rotzoll, Christa: Dies ist ein Männerstück. Martin Walsers Novelle über zwei feindliche Mittvierziger. In: Welt am Sonntag v. 26.3.1978
Strech, Heiko: Halbzeit am Bodensee. Novelle von Martin Walser. In: Rheinische Post v. 25.3.1978
Wapnewski, Peter: ‚Männer auf der Flucht‘. In: Deutsche Zeitung/Christ und Welt v. 10.3.1978
Werth, Wolfgang: Zwei Männer gleiten über den Bodensee. In: Süddeutsche Zeitung v. 25.2.1978
Zehm, Günther: Der Oberstudienrat im Clinch mit einem Fliegengewicht. In: Die Welt v. 21.3.1978

Didaktische Literatur und sonstige Darstellungen

Angermeier, Wilhelm Franz: Psychologie für den Alltag. Düsseldorf 1983
Ehbauer, Horst: Tendenzen in der deutschsprachigen Prosa nach 1945 aus didaktischer Sicht. In: Stocker, Karl (Hrsg.): Zeitgemäßer Literaturunterricht. Freiburg/Br. 1981, 192–221
Friedrichs, Reiner: Viertes Modell: Novelle. In: Watzke, Oswald und Friedrichs, Reiner: Umgang mit Texten in der Sekundarstufe I. München 1975, 135–148
Göpfert, Herbert G. u. Tielebier-Langenscheidt, Florian: Literaturvermittlung in der Bundesrepublik Deutschland. In: Stocker, Karl (Hrsg.): Literatur der Moderne im Deutschunterricht. Königstein 1982
Meyer, Gerold: Auswahlkriterien für die zeitgenössische Literatur im Literaturunterricht. In: Eckhardt, Juliane (Hrsg.): Zeitgenössische Literatur im Deutschunterricht. Braunschweig 1981, 57–65
Mummert, Ingo: Schöpferische Lebensmitte. Die ‚Krise‘ erkennen und in ihr reifen. Düsseldorf 1977
Nündel, Ernst: Novelle. In: Lexikon zum Deutschunterricht. München 1981, 2. Aufl., 309–317
Ostermann, Friedrich: Novelle. In: Krywalski, Dieter (Hrsg.): Handlexikon der Literaturwissenschaft, Bd. 2. Reinbek b. Hamburg: 1978, rororo 6222, 372–378
Rank, Bernhard: Novellen des 19. Jahrhunderts. In: Haas, Gerhard (Hrsg.): Litera-

tur im Unterricht. Modelle zu erzählerischen und dramatischen Texten in den Sekundarstufen I u. II. Stuttgart 1982, 57–80
Röhring, Hans-Helmut: Wie ein Buch entsteht. Eine Einführung in den modernen Buchverlag. Darmstadt 1983
Schreiber, Hermann: Midlife Crisis. Die Krise in der Mitte des Lebens. München 1977
Seifert, Walter: Literarische Prosaformen im Unterricht. In: Sowinski, Bernhard (Hrsg.): Fachdidaktik Deutsch. Köln 1975, 232–248
Ulrich, Winfried: Novelle. In: Grundbegriffe des Deutschunterrichts. Kiel 1979, 117–118
Watzlawick, Paul, Beavin, Janet H. u. Jackson, Don D.: Menschliche Kommunikation. Formen, Störungen, Paradoxien. Bern 1974, 4. Aufl.
Zobel, Klaus: Erzählformen. In: Wissen im Überblick. Literatur. Wege zum Verständnis der Literatur. Freiburg 1973, 171–217

Zeittafel zu Leben und Werk

1927	geboren am 24. März in Wasserburg am Bodensee
1938–1943	Besuch der Oberschule in Lindau
1944–1945	Arbeitsdienst, Militär, Gefangenschaft
1946	Abitur
1946–1948	Studium an der Theologisch-Philosophischen Hochschule in Regensburg
1948–1951	Studium der Literatur, Geschichte und Philosophie an der Universität Tübingen
1950	Heirat mit Katharina Neuner-Jehle
1951	Promotion bei Prof. Friedrich Beißner mit einer Arbeit über Franz Kafka
1949–1957	Mitarbeit am Süddeutschen Rundfunk in Stuttgart; zuerst in der Unterhaltungsabteilung, dann in der Abteilung Politik und Zeitgeschehen
1955	Preis der Gruppe 47
1957	Hermann-Hesse-Preis
1957	Umzug von Stuttgart nach Friedrichshafen am Bodensee. Seitdem freier Schriftsteller
1958	Drei Monate USA-Aufenthalt, Havard International Seminar
1962	Gerhart-Hauptmann-Preis
1968	Umzug nach Nußdorf
1973	Sechs Monate USA-Aufenthalt, Gastdozentur
1980	Schiller-Gedächtnispreis des Landes Baden-Württemberg
1980	Heine Plakette der Heinrich-Heine-Gesellschaft
1981	Georg-Büchner-Preis

Romane und Erzählungen

1955	*Ein Flugzeug über dem Haus und andere Geschichten*
1957	*Ehen in Philippsburg.* Roman
1960	*Halbzeit.* Roman
1964	*Lügengeschichten.* Erzählungen
1966	*Das Einhorn.* Roman
1970	*Fiction.* Prosa
1972	*Die Gallistl'sche Krankheit.* Roman
1973	*Der Sturz.* Roman
1976	*Jenseits der Liebe.* Roman
1978	*Ein fliehendes Pferd.* Novelle
1979	*Seelenarbeit.* Roman
1982	*Brief an Lord Liszt.* Roman
1985	*Brandung.* Roman
1987	*Dorle und Wolf.* Novelle

Dramen

1962	*Eiche und Angora.* Theaterstück
1964	*Überlebensgroß Herr Krott. Der Schwarze Schwan.* Stücke

1967	*Der Abstecher* (geschrieben 1961), *Die Zimmerschlacht* (geschrieben 1962/63 und 1967). Stücke
1970	*Ein Kinderspiel.* Theaterstück
1971	*Aus dem Wortschatz unserer Kämpfe.* Szenen
1975	*Das Sauspiel.* Szenen aus dem 16. Jahrhundert
1982	*In Goethes Hand.* Szenen aus dem 19. Jahrhundert
1985	*Ein fliehendes Pferd.* Theaterstück

Aufsätze und Reden

1968	*Heimatkunde.* Aufsätze und Reden
1974	*Wie und wovon handelt Literatur?* Aufsätze und Reden
1978	*Heimatlob.* Ein Bodenseebuch mit Bildern von André Ficus
1979	*Wer ist ein Schriftsteller?* Aufsätze und Reden
1981	*Selbstbewußtsein und Ironie.* Frankfurter Vorlesungen
	Heines Tränen. Essay
1983	*Liebeserklärungen.* Aufsätze
1986	*Heilige Brocken aus der Gegend.* Aufsätze, Reden, Gedichte

(Werkauswahl)